KB204310

나 사랑에 빠졌어요

아가서 묵상집

나 사랑에 빠졌어요

안문훈 저

한국학술정보

화가의 감성으로 해석하는 아가서

권호덕 교수(현 콜부루계학파 연구소 소장,
전 서울성경신학대학원대학교 총장)

구약성경 시가서의 한 부분인 '아가서'를 미술선교의 소명을 가지고 활동하는 화가이며 시인이 쓴 일종의 강해서이자 묵상집입니다. 아가서는 많은 설교자들이 기피하는 성경 중 하나인데 그만큼 해석하기가 힘들기 때문입니다. 그럼에도 안화백은 매우 흥미로운 시도를 했는데 시가서를 감성적인 접근을 통하여 아가서의 해석을 시도했다는 점입니다. 이런 점에서 청교도 시인들이 성경을 깊이 알고 성경의 메시지를 시로 표현하여 많은 크리스천들로 하여금 공감 가는 시를 쓴 것을 생각나게 합니다. 청교도 시인들이 쓴 시들은 성경을 알고 있는 기독교인들만 그 의미를 잘 이해할 수 있습니다.

저자는 본서에서 신랑 되신 예수 그리스도의 자태와 마음을 그리되 자기가 사모하는 그런 님으로 잘 그렸습니다. 그리고 신부인 술람미 여인이 신랑을 연모하는 마음도 그녀의 입장에서 잘 설명했습니다. 어쩌면 이 글은 저자의 신앙고백이라 할 수 있습니다.

아가서는 예수 그리스도와 그의 신부인 성도 사이의 사랑을 일반 남녀의 사랑의 언어로 표현하면서 이 둘 사이의 내밀하고 격정적인 감정들을 보여주고자 합니다. 여기서 기독교시인 송명희씨를 언급하는 것은 흥미롭습니다. 우리가 알고 있는 대로 송시인은 그녀의 깊은 영성으로 하나님의 마음과 인간의 문제점들을 잘 표현하여 우리에게 많은 감동을 주었습니다.

　그런데 저자는 단순한 남녀의 사랑 이야기로 그치지 않습니다. 인간 세상에서 일어나는 실존문제 곧 신랑과 신부 사이에 일어나는 여러 가지 애환까지를 언급하는 것들은 매우 주목할 만합니다. 지금 세계 여러 나라에서 수많은 인명이 희생되는 지진과 화산폭발이 빈발하고, 광활한 대륙을 태워버릴 듯한 기세로 동시다발적인 엄청난 규모의 화재가 일어나며, 인간이 편안히 숨을 쉴 수조차 없게 하는 심각한 대기오염, 또한 무서운 기세로 전 세계를 공포로 몰아넣고 있는 우한 코로나바이러스 19의 확산 등... 작가는 우리가 처한 심각한 실존적인 문제들을 아가서와 연결지어 묵상하면서 오직 우리의 신랑되신 예수 그리스도만이 인류의 소망임을 잘 제시하고 있습니다.

아가서는 사실상 우리의 신랑되신 예수 그리스도를 그렸다는 점에서 기독론이요, 그의 신부의 삶을 그렸다는 점에서 교회론이며, 나아가 구원이 어떻게 이루어지는지를 보여준다는 점에서 구원론이고, 미래에 완성될 사건을 예표적으로, 상징적으로 담고 있다는 점에서 종말론입니다.

성경을 해석하는 원리 중에 하나는 성경을 기록한 저자의 입장에서 그 성경을 이해하는 것인데, 저자인 안화백은 그런 시도를 한 것입니다. 이는 그의 해석에 신뢰가 가는 부분이기도 합니다.

이 책을 통해 많은 사람들이 아가서를 새로운 관점으로 이해하고, 예수 그리스도를 깊이 알며, 그분의 신부로서 준비되는 데 크게 기여할 수 있기를 바랍니다.

아가서 묵상-그리스도와 친교는 에덴의 복귀

술람미와 솔로몬의 사랑을 다룬 아가서는 그 원형이 신랑 되신 예수 그리스도와 신부인 성도들의 친밀한 관계입니다. 그런데 술람미와 솔로몬의 사랑에는 아가페적 사랑만이 아니라 몸으로 시각적인 사랑을 나누는 사랑의 유희가 흐름을 이루고 있습니다. 물론 그것은 문자적인 해석이 아니라 정신적이고 영적인 이해로 환치시켜야 합니다.

저의 글은 예수 그리스도와 친밀한 친교를 누리기를 바라는 간절한 소원 때문에 쓰게 되었습니다. 이와 관련해서 요한은 친교의 중요성에 대하여 그의 첫 번째 편지에서 언급했습니다. 서신을 보내는 목적이 하나님 아버지와 예수 그리스도와 나누는 친교에 있다고 한 것입니다.

성도들과 예수님과의 친교는 그 모범이 에덴동산의 아담과 하와일 것입니다. 그들이 계율을 범하기 이전, 아담과 하와는 에덴에서 다스리고 정복하며 살았고 죄와 상관없이 하나님의 복을 누리고 있었습니다. 성부 하나님께서는 종종 에덴에 납시어서 그들과 대화를 나누시곤 했음을 살필 수 있습니다. 그러나 그런 평화는 오래가지 않았습니다. 그들이 누리는 자유와 의로움이 그만큼 견고하지 못했기 때문이었습니다.

유혹자는 아름다운 커플을 죄로 넘어뜨리기 위해 기회를 엿보고 있었습니다. 그들은 결국 유혹자의 꾐에 넘어갔고 범죄를 저질렀으며 하나님과의 올바른 관계를 상실했습니다. 친교는 더 이상 지속할 수 없는 것이었습니다.

하지만 하나님께서는 나중 아담 예수 그리스도를 구원자로 이 땅에 보내셨고 에덴의 회복을 위한 구원의 장치를 마련하셨습니다. 그것이 십자가와 부활의 업적이었고 누구든지 예수 그리스도를 믿으면 구원을 얻게 되었습니다. 하나님은 다시금 친밀한 아버지가 되셨고 나중 아담 예수님은 영원한 성도들의 신부가 되었습니다. 다시금 친교의 문이 열렸습니다.

아가서, '노래 중의 노래'는 우리 성도들이 신랑 예수님과 얼마나 실제적이고 친밀한 상태를 누릴 수 있는가를 선행적으로 보여 줍니다. 저는 구절구절 상세히 묵상하면서 아가서의 계시성에 놀라워했습니다. 계시가 아니라면 결코 그런 글이 쓰일 수 없다는 감탄이 이어졌습니다. 아가서는 정녕 인간적인 사랑을 빙자하여 쓰인 예수님과 성도 간의 선행적 예언서입니다.

아가서는 명확하게 드러나지는 않았지만 기승전결이 있는 스토리가 있습니다. 신랑은 야성 가득한 시골 소녀를 이끌어

점점 성숙한 경지로 이끌어 갑니다. 만나고 헤어짐의 기쁨과 슬픔이 반복되지만 그 과정에서 술람미는 성숙한 신부의 자질을 갖추게 됩니다. 그리하여 왕인 신랑의 신부로 부족함이 없는 상태가 되는데 이는 성도의 성화과정과 흡사합니다.

이 글이 술람미의 성숙한 심성으로 우리 주님과 더욱 깊은 친교를 누리는 귀한 나눔의 매개가 될 수 있기를 희망합니다.

2020년 맑은 봄날
안문훈

1장

노래들 중에 노래니,
이는 솔로몬의 노래라.
그로 그의 입맞춤으로
내게 입맞추게 하소서.
—

1, 2

주님!

청춘 남녀 간의 로맨스를 그린 것처럼 보이는 첫 절입니다. 그 사랑이 포도주보다 달콤하다고 합니다. 하지만 우리와 주님의 사랑은 그런 육체적인 수준을 넘어섭니다. 아가서는 아가페적인 사랑을 우리네 인간사에 비추어 표현한 것일 뿐이지요. 저는 입맞춤을 원한다는 것이 주님과의 영적 일치를 염원하는 것이라 생각합니다. 곧 주의 말씀을 믿고 받아들여 이를 아멘으로 고백하며 그 고백대로 실천하는 것, 그것이 주님과의 입맞춤이 될 것입니다. 이와 관련하여 시편2:12에서는 "그 아들(그리스도)에게 입맞추라. 그렇지 아니하면 진노하심으로 너희가 길에서 망하리니. 여호와의 진노가 급하심이라."라 말씀하고 있습니다. 그리스도와의 입맞춤이 선택이 아니라 하나님의 명령임을 알게 됩니다. 그런데 가룟 유다도 겟세마네 동산에서 예수께 입을 맞추었습니다. 하지만 그의 입맞춤은 예수님을 폭도들에게 넘겨주는 신호로 이용했습니다. 입맞춤이 임께 대한 믿음과 사랑의 표식이 아니라 배교자의 표식이 되어버린 것입니다. 그처럼 모든 이단자들은 멸망의 독소를 퍼뜨리기 위해 그리스도의 말씀에 입맞춤을 합니다. 초대교회시절 영지주의를 퍼뜨리던 니골라당이나 최근의 구원파, 신천지가 다 그런 집단들이지요. 또한 주님과 우리들의 사랑은 당연히 포도주보다 진하고 달콤합니다. 감동이 이어지는 로맨스인 것이지요.

요즘 주님을 뜨겁게 노래하는 Hill song, Bethel song을 들으면서 매일 감동에 젖습니다. 주님을 사랑하기 때문에 주님을 노래하는 것이고 주님을 높이는 것이지요. 그런 찬양을 하면서, 들으면서 감동이 되는 것은 내 안에 계신 성령께서 마음을 움직이시기 때문입니다. 더 뜨겁게 사랑하도록, 더 주님을 깊이 느낄 수 있도록 성령께서 도와주시는 것입니다.

당신의 좋은 향기름 내음으로 인하여
당신의 이름이 쏟아 놓은 향기름 같으므로
처녀들이 당신을 사랑하나이다. - 3(한글킹제임스버전 이하 같음)

술람미의 임은 한 사람이 사모하는 것이 아니라 처녀들, 즉 다수가 연모하는 대상입니다. 신랑의 몸에서 풍기는 향수 내음, 향기름 내음이 대단하다는데 '쏟아 놓은 향기름' 같음은 그 향기의 극대화입니다. 이는 성령의 은혜, 또는 그분 말씀의 향기로움으로 묵상될 수 있겠습니다.

또한 '이름'이 향기롭다 했습니다. 우리 신랑, 예수 그리스도의 이름은 더없이 소중한 이름이므로 향기롭기만 합니다. 어떤 찬양을 들으니 계속해서 "Jejus, Jejus…"만 오 분여를 이어 갔습니다. 그런데도 전혀 지루하지 않았는데 그 이름이 너무나 향기로운 때문일 것입니다.

이름조차 향기로운 분, 불러도 불러도 한없이 좋기만 한 이름, 쏟은 향기름 같은 이름, 그 이름이 '예수'입니다. 우리 성도는 그처럼 대단한 이름을 가지고 있습니다. 그런 분을 '나의 주님'으로 모시고 삽니다. 그 향기는 이천여 년 전 그리스도 이후, 모든 시대, 모든 민족, 모든 나라에 퍼지고 퍼져 모든 이들에게 구원의 향기가 되었습니다. 우리는 오늘 그 풍성한 결과를 보고 있습니다.

뇌성마비 시인 송명희 씨는 '그 이름'을 시로 읊었고 최덕신 씨가 곡을 붙여 오래 애창되고 있습니다. "예수 오~ 그 이름 나는 말할 수 없네. 그 이름 속에 있는 비밀을, 그 이름 속에 있는 사랑을…" 이 노래가 제 마음을 당겨서 금요일 저녁 기도회에서 특송을 올려드린 적이 있습니다.

내게 다가오소서. 우리가 당신을 따라 달려가리이다.
왕이 나를 그의 방들로 이끌어 들이셨으니
우리가 당신 안에서 기뻐하고 즐거워하리이다.
우리가 당신의 사랑을 포도주보다 더 기억하리이다.
정직한 자들이 당신을 사랑하나이다. - 4

　왕이 술람미를 궁전으로 맞이해 들이는 상황, 술람미가 그런 상황을 언감생심 꿈이라도 꾸었을까요? 그것은 온전히 왕, 신랑의 호의이며 시혜입니다.

　우리도 만왕의 왕이신 예수 그리스도의 방, 곧 하늘나라 도성으로 이끌림을 받을 것입니다. 여기서 신부는 온전히 수동적인데 우리 역시 그리스도의 주도적인 이끄심으로 하늘나라에 들어갈 것입니다. 그냥 들어가는 것이 아니라 우리를 아름답고 정하게 하신 후 정결한 예복을 입히셔서 들어가게 하실 것입니다. 우리는 그 도성에 들어가 영원한 복락을 누리며 살게 될 것이고요.

　술람미는 어떤 다른 선택을 할 수 없습니다. 오로지 그분의 이끄심을 따라 순종할 수 있을 뿐입니다. 그분의 초대를 마음으로부터 즐거워하여 따라나서는 것입니다. 달려간다는 것, 그것은 초대받은 그녀의 마음이 얼마나 기쁜 상태에 있는지를 보여 줍니다. 또한 그 따름의 행위가 극히 자발적이었음을 느끼기에 충분합니다.

　"우리가 당신 안에서 기뻐하고.." 왕이 계시는 왕궁이 아무리 호화롭고 대단할지라도 오직 신랑이 계시기 때문에, 신랑으로 인하여 기뻐하며 즐거워한다는 것이겠지요. 이는 그때그때 예수님의 사랑에 반응하는 우리의 마땅한 자세여야 할 것입니다.

임의 사랑이 포도주보다 더 진하다는 것, 핏빛 포도 원액도 진한데 임의 사랑은 그보다 더하다는 것입니다. 우리 주님이 십자가에서 우리의 구원을 위해 피 흘리신 것, 그렇게 하시면서까지 우리를 사랑하신 것을 생각나게 합니다. 아무려면, 우리 주님의 그 엄청난 사랑을 그깟 포도주에 비교하겠습니까?
처녀들, 곧 마음이 순수한 사람들은 누구나 그분을 사랑하지 않고는 배길 수 없을 것입니다. 그래서 모든 처녀들은 그분을 사랑해야 마땅합니다. 그것은 순수한 마음을 가진 사람들의 자연스러운 반응입니다. 그렇지 않고 그분을 사랑하지 않거나 미워하는 자라면, 그런 자는 필시 그 마음이 악한 자에 의하여 굴절되고 어두워졌기 때문입니다.

내가 비록 검어도, 오 너희 예루살렘의 딸들아,
케달의 장막들처럼(장막 같을지라도: 개역개정 쉬운성경 우리말성경 현대인의 성경 등)
솔로몬의 휘장들처럼 나는 아름다우니라. - 5

　술람미가 사랑을 받는 것은 외모가 아름답거나 사랑받을 만한
조건을 갖추었기 때문이 결코 아닙니다. 외모는 포도원지기로
일하면서 검게 타고 거칠어졌습니다. 그러나 그녀는 내면의 순
수함을 지니고 있었습니다. 술람미는 그것을 주장하고 있습니다.
그 내면의 아름다움에 대하여 자신 있게 말하고 있습니다. 그것
이 바로 신랑의 사랑을 받을 만한 중요한 조건이었습니다.

　그렇지요. 우리 주님은 태생적으로 사악한 사람을 택하시지
않습니다. 그분이 아무리 사랑의 주님이라도 본질이 악한 자를
사랑하시지는 않습니다. 그런 자는 씻겨 주어도 다시 진창에
뒹구는 돼지와 같고 결국 교회를 어지럽힐 것이기 때문입니다.

케달의 장막을 직접 보지는 못했는데 베두인족의 장막을 본적이 있습니다. 그들은 주로 사막에 거주하는 사람들이어서 천막을 세탁하기가 어렵습니다. 제가 본 베두인족의 천막은 꼬질꼬질 때로 절어 있었는데 케달의 장막도 그와 비슷하겠지요.

그런데 신랑은 술람미의 외모가 그렇다 해도 왕국의 화려한 휘장으로 본다 합니다. 사랑의 마음으로 대상을 보면 그 결과는 사뭇 달라질 수 있는 것이지요. 우리 주님께서도 우리의 추한 모습 그대로를 보지 않으시고 사랑의 프리즘을 통해 보십니다. 그러기에 우리는 주님께 받아들여지는 소중한 존재들이 되었습니다.

> 햇빛이 내게 내리쬠으로 내가 검게 되었다고
> 나를 흘겨보지 말라. 내 어머니의 자녀들이 내게 노하여
> 나를 포도원지기로 삼았으나 나는 내 포도원을 지키지
> 아니하였도다. (개정: 못하였구나) - 6

술람미는 오빠들로 상정된 악한 자들에 의하여 포도원지기의 노역에 처해졌다 합니다. 왜 노했을까요? 술람미는 본디 성정이 착한 자였는데..., '노한 아들들' 거기에서 이유 없이 우리를 미워하며 참소하는 사탄의 어두운 그림자를 보게 됩니다.

그런데 술람미가 애를 썼지만 포도원을 지키는 데 실패했습니다. '작은 여우들'이 이리저리 굴을 파서 포도나무 뿌리를 해쳤을 것이고, 악한 자들이 훼방을 했기 때문이었을 것입니다.

사람이 아무리 애를 써도 사업에 실패하고 인간관계에서 실패할 수 있는 것이지요. 오늘 우리의 삶도 때때로 팍팍합니다. 우리의 삶에 들어온 가시와 엉겅퀴를 우리의 힘만으로는 어찌할 수 없는 때가 종종 있습니다.

그런데 그런 술람미를 구하기 위해 왕이 오셨고, 왕궁으로 초대해 주었습니다. 그처럼 우리를 초대하신 우리의 왕 예수 그리스도, 온갖 위험과 어려움에서 구해주시는 주님. 왕께 선택되어 왕의 사랑을 받는 우리를 누가 감히 뒤엎겠습니까? 누가 감히 시샘하겠습니까? 우리 임께서는 결코 그런 자들에게 우리를 뺏기지 않으실 것이고 우리는 끝내 왕의 나라에 들어갈 것입니다.

주님!

오늘의 대한민국 수도의 땅값이 천정부지로 오르고 있습니다. 일부 집주인들은 불로소득을 올려 좋을지 모르지만 결국 그들에게도 좋기만 하지 않을 것입니다. 부동산 가격의 앙등은 모든 이를 가난하게 만들 것이기 때문입니다.

며칠 전 KBS1 TV의 '특파원보고' 시간에 프랑스, 일본의 학생들과 근로자들이 얼마나 힘들게 살고 있는지를 보여 주었습니다. 리옹의 대학생들이 높은 기숙사 비용을 피하여 셰어하우스Shear House에 모여 사는데 2인 정원에 무려 여섯 명이 복닥거리며 살고 있었습니다. 더욱 놀라운 것은 남녀가 같은 거실을 쓰고 있었다는 것입니다. 그것을 보며 한 경제학자는 "더욱 안타까운 것은 가진 자와 못 가진 자 간의 계층 간이동이 매우 힘들다는 점"이라 말했습니다. 전 세계적 현상인 부동산 가격의 상승은 그런 현상을 가속화시키고 있습니다. 진정한 회복과 평화는 오직 우리의 신랑 예수님을 통해서만 실현될 것입니다.

> 오, 내 혼이 사랑하는 당신이여,
> 정오에 당신의 양떼를 어디에서 먹이며
> 어디에서 쉬게 할지 내게 말해 주소서.
> 어찌하여 내가 당신의 동료들 양떼에서
> 벗어난 한 마리처럼 되어야 하리이까? - 7

술람미는 임과 함께 있으면서 친교를 나누기를 간절히 원하고 있습니다. 물론 신랑이 감독자의 위치에 있겠지만 양을 치는 곳을 알 수만 있다면 그곳으로 가고 싶고, 그래서 쉬는 시간이면 대화를 나누고 싶어 합니다. 남녀 간의 애정은 그런 일치가 근본적인 속성인 것처럼 우리와 예수님도 그렇습니다. 저 또한 지금의 아내와 연애하던 시절, 늘 함께 있고 싶어 안달을 했지요. 우리 주님께서 요한에게 말씀하셨습니다.

그런데 술람미의 임께서 양 떼를 먹이는 목자로 묘사하고 있습니다. 우리의 목자이신 주님이 오버랩 됩니다.

"볼지어다. 내가 문 밖에 서서 두드리노니 누구든지 내 음성을 듣고 문을 열면 내가 그에게 들어가 그와 더불어 먹고 그는

나와 더불어 먹으리라.(계 3:20)"

친교를 향한 주님의 간절한 바람이 깃들어 있는 말씀입니다. 따라서 신부인 저 역시 그 같은 간절함이 있음은 지극히 자연스럽습니다. 그러나 주의 말씀을 듣는 것이 서툴러 종종 실수하므로 낭패를 보니 이를 어찌하면 좋습니까? 아직 저는 당신과의 교제에 있어 미숙하기 그지없습니다. 훈련이 덜 된 탓이라 생각합니다. 더욱 노력하겠습니다. 성령께서 도와주시리라 믿습니다.

오, 너 여자들 중에서 가장 어여쁜 자야,
네가 알지 못하겠거든 양떼의 발자취를 따라가
목자들의 장막들 곁에서 네 염소 새끼들을 먹이라. - 8

합창단의 이 같은 언급은 방법적인 지혜를 알려 주고 있습니다. 임의 습성, 임의 기호를 알아서 그분과 코드를 맞추어야 한다는 것이겠지요, 큐티, 렉시오 디비나 같은 구체적인 방법, 그리고 주께서 싫어하는 나쁜 습관 버리기 등등. 좋은 방법을 찾아 열심을 다하고 성실히 경건의 훈련을 해야 합니다.

오, 내 사랑아,
내가 너를 파라오의 병거의 준마무리에 비교하였노라. - 9

이집트 왕 파라오의 병거는 그 위용이 왕의 품격에 걸맞도록 대단하게 만들어졌겠지요? 다른 번역에서는 병거를 복수로 표기하였고 그 병거들을 끄는 여러 마리의 말이 있다 하였습니다.

그런데 술람미가 그처럼 대단하다는 것입니다. 술람미는 시골의 포도원지기요, 양을 치는 자에 불과하지만 신랑은 그녀를 더없이 멋지고 훌륭하게 평가하고 있습니다. 이후 신랑의 평가는 계속해서 상승하고 있습니다. 사랑하기 때문이고 그러기에 존귀한 자로 보는 것이라 믿어집니다.

**네 뺨은 보석 줄로,
네 목은 금 목걸이로 아름답도다. - 10**

　신부인 성도와 교회의 아름다움, 목에 두른 보석 줄이 어디에서 왔을까요? 필시 왕인 신랑이 자신의 마음을 표현하고자 선물한 것이겠지요? 신부를 사랑하는데 보석 줄, 구슬꿰미가 대수겠습니까? 우리 주님은 우리의 구원을 위해 자신의 목숨을 내어 주셨습니다. 그보다 더 큰 사랑이 어디 있겠습니까? 우리의 임, 우리들의 예수님은 우리를 그처럼 소중히 여기셨습니다.

**우리가 너를 위하여
은 장식이 있는 금 사슬을 만들리라. - 11**

　금 사슬에 은을 박아 만드는 목걸이는 두 종류의 보석을 복합적으로, 예술적으로 승화시켜서 본래의 가치보다 더 극대화시킨다는 의미라 생각됩니다. 그런 장신구를 신부의 몸에 장식하고 싶어 하는 '합창단'의 노랫가락인데 신랑의 신부에 대한 사랑의 마음을 대변하고 있다 할 것입니다.

**왕이 그의 상에 앉아 계실 때
나의 감송나무가 그 향기를 풍기는도다. – 12**

왕이 앉아 있을 때 술람미의 나드 향유, 곧 향기 나는 감송나무가 어떻게 향기를 풍길 수 있었을까요? 예수님의 발에 나드 향유를 붓고 자신의 머리털로 닦아드려서 향기가 사방에 진동했던 것과 같은 상황이었을까요?

중요한 것은 나의 사랑하는 예수님께 저 역시 나드 향유나 감송나무 같은 향기가 되어야 한다는 점입니다. 그것도 잠시 향기를 풍기고 마는 것이 아니라 늘 향기 나는 생활, 늘 복음의 향기를 풍기는 생활을 하는 것, 그래서 나 자신이 향기가 되어야 한다는 것입니다.

늘 작품에 복음을 담아내고자 애쓰고 있는데 이를 제가 드리는 나드 향기름으로 받아 주시리라 믿습니다. 요즘 장미꽃을 클로즈업하여 오십 호 크기에 앉히고 주위에 흰 옷 입은 순례자들이 걸어가는 장면을 여럿 연작으로 그리고 있습니다.

아름다움의 근원이신 성부 하나님과 함께 영원한 내면의 아름다움을 지니신 나의 임, 당신은 꽃 중의 꽃이십니다. 그러므로 흰 옷 입은 순례자들이 꽃 속을 향해 걸어 들어가거나 그 주위를 거닐고 있음은 예수님을 닮으려는 성도들의 모습임을 알아주시기 바랍니다.

나의 사랑하는 자는 내게는 몰약다발이니,
그가 온 밤을 내 가슴 사이에 누우리라. – 13

12절에서보다 진전된 표현이 나왔습니다. 신랑을 사랑하는 마음이 한결같아서 늘 자신의 가슴에 품고 싶어 하는 술람미입니다. 개역개정에서는 신랑을 몰약 향주머니라 했으니 참으로 그 사랑이 농밀하기 이를 데 없습니다. **"그가 온 밤을 내 가슴 사이에 누울 것"**이라는 것 역시 정신적이고 정서적인 것을 형상화한 사랑의 아름다운 표현일 것입니다.

나의 사랑하는 자는
내게 엔게디 포도원의 캠퍼(고벨화) 송이로구나. - 14

　고벨화는 엔게디 포도원 울타리를 이루며 피어 있었을 것입
니다. 그 꽃은 꽃을 다 떨군 후 그 열매가 마치 포도송이 같은
모습이 됩니다. 그다지 고혹적인 자태는 아닌 야생화인데 그럼
에도 술람미는 고벨화를 소중하게 보았습니다.(이 구절은 신랑
과 신부가 함께 낭송할 수 있는 구절로 공동번역에서 그리 보
았습니다.)

보라 나의 사랑아, 너는 어여쁘도다.
보라, 너는 어여쁘며 너는 비둘기의 눈을 가졌도다. - 15

　　신랑은 신부의 아름다움에 감탄사를 연발하고 있습니다. 우선하여 그녀의 눈을 주목했는데 윤기 좔좔 흐르는 '비둘기'에 비유했습니다. 사람을 그리 두려워하지 않는 비둘기지요. 그것들이 모이를 먹기 위해 땅에 내려앉았을 때 바삐 모이를 쪼고 있는 것을 보며 참 귀엽다는 생각을 여러 번 했습니다.

보라, 저는 어여쁘며 나의 사랑하는 자야,
참으로 사랑스러우니, 우리의 침상도 푸르도다.
우리 집의 들보들은 백향목이요,
우리의 서까래들은 잣나무로다. - 16, 17

　　침상 곧 침대가 푸르다(verdant)는 것이 어떤 의미일까요? verdant는 젊다는 의미도 있는데 침대가 생명의 기운을 내포하고 있다는 인상을 받습니다. 침대가 단순히 수면의 용도만을 의미하는 것이 아니라 생명의 잉태까지를 의미하는 것이라 묵상됩니다.

　　그처럼 주님과 함께하는 침상은 휴식만을 의미하지 않습니다. 주님과 함께하는 곳에는 언제나 생명의 회복, 새 생명의 잉태가 일어납니다. 우리의 신랑이신 예수님은 생명의 주님이시지요. 실제로 주께서 가시는 곳에는 항상 생명의 역사가 풍성했습니다. 죄인들이 회개하고 수많은 병자들이 고침을 받으며 귀신 들린 자가 나음을 입었고 죽은 자들이 살아났습니다.

우리 왕께서는 술람미와 함께 머무를 공간을 당시 최상의 목재로 통하는 백향목으로 했고 서까래들은 잣나무들로 치장했습니다. 그 목재들이 지상에서는 최상품이라지만 하늘나라에서는 건축 재료로 쓰임 받을 수 없습니다. 썩고 닳아지는 목재와는 차원이 다른 보석으로 만들어질 것입니다. 할렐루야!

2장

나는 사론의 장미요,
골짜기의 백합화로다.

—

1

유다광야는 가 보았으나 사론광야는 못 가 봤습니다. 하지만 광야는 다 황량하기 이를 데 없는 곳입니다. 그런 광야에 피어난 장미(개정: 수선화)는 특별하기만 합니다. 제가 가 본 유대 광야는 풀 한 포기 자랄 수 없는 척박하기 이를 데 없는 환경이었습니다. 장미가 피어날 수 없으리라 여겨지는데 그럼에도 어디 좀 낮은 지대에 주님의 섭리로 특별한 개화가 있을 수 있겠지요.

또한 이스라엘 골짜기에 피어난 백합화, 이는 필시 유다광야의 끄트머리에서 내려다보았던 얼마간의 습기가 있는 계곡, 푸른 나무들이 듬성듬성 서 있는 곳이 아닐까라는 가정을 하게 됩니다.

순결함의 상징인 백합화는 커다란 꽃송이를 힘에 겨운 듯, 수줍은 듯 고개를 들지 못하고 있습니다. 그러나 그 향기는 참 진하지요. 특히 그 백합화가 이스라엘 골짜기에 피어났다면 많은 역경을 거쳤을 것입니다. 꽃을 피워 냈다는 자체가 기이할 정도이지요.

그런데 술람미인 우리들이 역경을 딛고 피어난 수선화와 백합화라는 것입니다. 역경 속에서 임을 만났기에 임이 더욱 소중하고 사랑스러운 술람미입니다. 많은 진실된 그리스도인들이 그런 어려움 속에서 예수님을 만나고 하나님 아버지를 만나 진정한 사랑을 배웁니다. 저도 그랬습니다. 그 과정이 너무나 고통스러웠고 길었지요. 그러나 지나고 보니 다 아버지의 은혜요, 우리 임의 이끄심이었습니다.

가시나무 가운데 백합화처럼
나의 사랑도 딸들 가운데 그러하도다. - 2

신부의 고귀함을 가시나무 무리 중의 백합화라 했으니 진전된 또 다른 표현입니다. 가시나무 무리 중에 있으니 얼마나 더 돋보이겠습니까? 오늘 세상에는 믿지 않는 무리들이 믿음의 사람들보다 훨씬 많습니다. 보이는 것은 아무런 차이가 없지만 진실된 그리스도인은 정녕 가시나무 무리 중의 백합화가 아닐 수 없습니다. 그런 순결함은 오로지 열심히 회개의 생활을 하면서 신랑이 되신 예수 그리스도의 보혈로 씻고 또 씻어서 된 것입니다.

숲의 나무들 가운데 사과나무처럼
나의 사랑하는 자도 아들들 가운데 그러하도다.
내가 큰 기쁨으로 그의 그늘 아래 앉았으니,
그의 과일은 내 입에 달콤하였도다. - 3

　신랑에 대한 표현도 멋스럽기 이를 데 없습니다. 열매 없는 수풀, 잡초만 무성한 곳에 서 있는 사과나무, 마침 그 나무는 맛있는 과일을 달고 있었고 신부는 그것을 맛있게 따 먹습니다. 그뿐만 아니라 사과나무는 그늘을 드리우고 있어서 여러 사람이 그늘 아래 앉아 쉴 수가 있습니다. 자신의 열매를 기꺼이 나누어 주는 신랑으로 비유된 사과나무, 주께서 잡히시던 날 밤에 성찬식을 제정하시면서 하시던 말씀을 떠오르게 합니다. 빵을 떼어 주시면서 **"이것은 너희를 위하여 주는 내 몸이니라.(눅 22:19)"** 당신은 아낌없이 주는 사과나무이십니다. 당신의 몸을 나누어 주심으로써 우리를 살게 하시는 신랑 예수님, 어떤 감사로 임의 사랑에 맞갖은 응답을 할 수 있을까요?

그가 나를 잔치집으로 안내하였으니,
내 위에 나부끼는 깃발은 사랑이었도다. - 4

주님!

주님께서 혼인잔치의 비유를 베푸신 말씀들이 생각나는 구절입니다. 당신께서는 우리의 손을 잡고 성대한 축제의 장으로 우리를 인도해 들이십니다. 잔칫집이니 음식도 푸짐하겠고 귀한 손님들도 많이 왔겠지요. 그런데 당신께서 손잡아 이끌어 들이신 그곳은 세상 잔칫집과는 완전히 다릅니다.

먹고 마시는 것으로 그치고 마는 것이 아니라 **'의와 평강과 기쁨'**이 가득하며 참되고 영원한 생명으로 가득한 곳입니다. 어둠의 세력, 악한 자들은 그곳에 하나도 있을 수 없습니다. 물론 잔치의 주례는 우리들의 아버지이신 성부 하나님이시고 잔치의 주인공은 주님과 우리 성도들입니다. 거기에 부족한 저를 끼워 주시니 황홀, 감사, 영광입니다.

그런데 **'내 위에 나부끼는 깃발'**은 무엇입니까? 그것은 사랑의 깃발이라 했는데 '사랑했기에, 오직 사랑했기에 너를 택했노라. 이처럼 깃발을 꽂아 확실한 표식을 해 놓았으니 누구도 탐내거나 빼앗을 수 없다.'는 표식이겠지요? '너는 내 것이라. 너는 내 것이라.' '언감생심, 나의 짝을 아무도 건드릴 수 없다.' 우리 임의 확고한 의지의 표식으로 깃발이 나부끼도록 해 놓으셨습니다. 이 마음 든든하고 든든합니다.

건포도 과자로 내 힘을 돋우고 사과로 나를 위로해 주소서.
내가 사랑하므로 병이 났나이다. - 5

어이쿠! 상사병이라도 난 것일까요? 사랑하므로 병이 났다
니... 사랑은 열병 같은 것, 나의 마음을 몰라주는 것 같아서...
임의 마음이 다른 이에게로 옮겨진 것만 같아서... 아니면 임과
단둘이 늘 함께 있고 싶은데 그것이 잘 안 되어서...

사랑하는 이라도 어쩔 수 없이 동서로 떨어져 지내야만 할
경우가 있는 것이지요. 그런데 솔로몬과 술람미의 관계는 그리
될 수 있어도 우리 주님과의 사랑은 그리될 수 없지요. 임께서
는 인장반지처럼 함께 하시겠다 하셨지요. 나와 우리에게 영으
로 찾아오셔서 "나는 너희를 결코 떠나지도 버리지도 아니하리
라.(히 13:5)" 굳게 약속하셨던 것입니다.

건포도로 힘을 돕고 사과로 시원하게 하라는 것, 몸을 잘 돌보아야 하겠지요. 육체적인 건강이 나빠지면 주님이 원하실 때 민첩하게 움직일 수 없으니…. 우리의 몸은 주님께서 거주하시는 성전이니 잘 돌보아 주어야 하겠지요.

그의 왼손이 내 머리 아래 있고
그의 오른손이 나를 껴안는도다. - 6

임의 품은 크고 넓어서 그처럼 우리를 포근히 안아 주실 수 있으시지요. 제가 남자라 신부의 상황으로 얼른 들어가는 것이 쉽지는 않지만 작디작은 제가 크시고 크신 당신 안에 있는 것을 늘 묵상했습니다. 주님의 임재, 주님 안에서의 호흡. 전 이런 관상기도의 시간을 자주 가져야 하겠습니다. 무어라 말씀을 드리기 이전에 나의 마음을 다 아시는 분이시니까요. 그러므로 능하신 임과의 대화에서 말은 차라리 거추장스러울 때가 많습니다. 임께서 나를 바라보시고 내가 임을 고요히 바라보는 것, 젖 뗀 아기가 어미의 눈을 고요히 쳐다보는 것과 같은 관상기도, 그런 침묵 가운데 더 깊은 교감이 일어날 수 있습니다.

주님께서 당신을 보다 잘 사랑할 수 있도록 가르쳐 주시옵소서. 사랑은 때가 되면 저절로 터득되는 것이 아니니…. 에리히 프롬(Erich Fromm)은 그의 책 '사랑의 기술'에서 사랑은 배우고 훈련해야 되는 것이라 강조했었습니다.

제 사랑이 더 자라서 성숙한 경지로 들어가면 우리는 더 많은 기쁨을 누릴 수 있을 것입니다. 그 사랑은 달콤하기만 한 것이 아니지요. 나의 목숨을 내 형제, 내 자매를 위하여 내어놓기까지 해야 하는 것이지요. 거칠고 험난한 세파와, 악한 무리와 맞닥뜨렸을 때 능히 이겨 낼 수 있어야 하는 것이지요. 임께서 원하시는 것이라면 무엇이든지 즉각 내어드릴 헌신의 자세를 갖추어야 하는 것이지요.

> **오 너희 예루살렘 딸들아,**
> **내가 노루들과 들사슴들로 너희에게 부탁하노니**
> **그가 원하기까지는 흔들지 말고 깨우지 말라. − 7**

노루와 들사슴의 여린 가슴으로 여인들에게 부탁하는 것, 그처럼 가녀린 것들을 내세운 감성에의 호소는 여인들의 마음을 움직일 수 있다는 것이지요? 꽤 설득력이 있어 보입니다. 술람미가 임과의 달콤한 꿈결 같은 사랑을 중지시키지 말아 줄 것을 애원하고 있습니다. 지금 왼팔로 신부의 머리를 고이고 오른팔로 그녀를 안은 자세로 둘은 잠 속에 빠져들어 간 것입니다.

그런데 자세히 보면 스토리의 근거가 희박합니다. 술람미가 너무나 임을 그리워하여 상사병이 난 상황이었으므로 꿈속을 헤매는 중으로만 보입니다. 보시옵소서. 아직 임이 그에게 오지도 않았잖습니까? 다음 절에 가서야 신랑의 목소리를 듣는데 임의 품에 안겨서 밤을 보낸다니요? 임을 깨우지 말라니요?

내 사랑하는 이의 목소리여! 보라. 그가 산들 위로 뛰며 작은 산들 위로 가볍게 뛰어 오는도다. - 8

　오, 임이여! 상황의 급격한 반전이 일어났습니다. 사랑하는 임의 걸음이 급하고 빠릅니다. 그냥 달려오는 것이 아니라 신부의 이름을 부르며, 소리치며 산을 넘어오고 있습니다. 사랑은 불같다더니… 사랑은 가장 강한 감정의 움직임을 가지고 있다더니, 우리 임의 마음이 그러신가 봅니다. 그래서 작은 산을 하나 넘는 것은 장애도 되지 않나 봅니다. 금세 술람미의 거처에 당도하셨습니다.

　그렇습니다. 우리 주님께서는 곧 영광스럽고 늠름한 모습으로 나타나실 것입니다. 동에서 번쩍 서에서 번쩍하시면서 모든 사람들이 볼 수 있게 오실 것이고, 도둑처럼 예기치 않은 시간에 오실 것입니다. 등불 하나 켜 들고 임 맞을 준비하고 있는 사람은 기쁨으로 임과 함께 연회장으로 들어갈 것입니다.

나의 사랑하는 이는 노루나 어린 사슴 같나니
보라. 그가 우리의 벽 뒤에 서서 창문으로 들여다 보며
창살을 통해 몸을 내보이는도다. - 9

임께서는 먼저 창문 안의 동정을 살피십니다. 나의 신부가
어떤 상태에 있는지, 혹 잠에 곯아떨어진 것은 아닌지, 여러 이
유로 혹 신랑을 만나기 어려운 상태는 아닌지…. 그냥 계시는
것은 아니고 가만히 노크하시겠지요? **"들어라. 내가 문밖에 서
서 문을 두드리노니…"** 상대방의 동의를 구하시는 우리 주님,
주님께서는 강제로 문을 여시지 않으십니다. 사람의 자유의지,
자기결정권을 존중하시는 주님이십니다.

그렇게 창살 틈으로 언뜻 보이는 임을 술람미가 발견했습니
다. 술람미는 예민하게 귀를 쫑긋 세우고 이제나 저제나 있을
임의 발자국 소리, 그분의 숨소리와 음성을 기다리는 중이었
지요.

그렇습니다. 우리 주님께서는 **"늘 깨어 있으라."** 당부하셨지
요? 죽음의 잠을 자지 않도록, 신앙의 잠, 불신의 잠에 빠져들
지 않도록 늘 정신 차려야 한다고 말씀하셨습니다.

나의 사랑하는 자가 내게 말하여 이르기를 나의 사랑,
내 어여쁜 자야 일어나서 함께 가자. - 10

'나의 사랑하는 자', 매우 익숙하게 반복되고 있습니다. 그냥 이름만 부를 수는 없는 것이지요. 너무나 사랑스럽기 때문에, 너무나 소중하기에, 나 외에는 어떤 이도 그렇게 소중한 사람을 절대로 사랑할 수 없기 때문에 '나의 사랑하는 자'가 되는 것입니다. 그분이 우리 왕이고 우리 주님이십니다.

주님!

그 주님을 더 잘 알기를 소원합니다. 당신을 알면 알수록 대단하신데 저는 조금, 아주 조금밖에 알지 못하고 있습니다. 아니 지금 수준이라면 차라리 무지하다 해야 할 것입니다. 그런데 당신을 뜨겁게 뜨겁게 사랑하다 간 충직한 종 바울도 당신을 더 잘 알기 위한 열망을 가지고 있었습니다. 필립비인들에게 보낸 편지에 다음과 같은 고백이 있습니다.

"실로 모든 것을 손실로 여김은 그리스도 예수 나의 주를 아는 지식이 가장 고상하기 때문이며, 내가 그를 위하여 모든 것을 잃어버리고 그것들을 오히려 배설물로 여김은 그리스도를 얻기 위함이요,

또 그 안에서 발견되고자 함이니, 나의 의는 율법에서 나온 것이 아니요, 그리스도를 믿음으로 말미암아 나온 것이니, 곧 믿음에 의해서 하나님께로부터 나온 의라.

이는 내가 그를 알고 그의 부활의 능력과 그의 <u>고통의 친교</u>

를 알아 그의 죽음의 본을 따르려 함이며, 어떻게 해서든지 죽은 자들의 부활에 이르려는 것이라. 내가 이미 이르렀다 함도 아니라. 다만 그리스도 예수에 의하여 붙잡힌 그것을 나도 붙잡으려고 좇아갈 뿐이라.

형제들아, 나는 내가 붙잡은 것으로 여기지 아니하노라. 다만 한 가지 일 즉 뒤에 있는 것은 잊어버리고 앞에 있는 것들에 손을 뻗쳐 그리스도 예수 안에서 하나님의 고귀한 부르심의 상을 위하여 그 표적을 향해 좇아갈 뿐이라.(빌 3:8-14)"

그렇지요, 다 동의가 됩니다. 바울 정도면 상당한 경지에 이를 것인데 그럼에도 그는 여전히 주님의 앎에 대한 목마름을 가지고 있습니다. 알면 알수록, 다가가면 다가갈수록 신비하고 소중한 세계가 있기 때문일 것입니다. 그만큼 우리 임께서는 고상하시고 탁월하시고 위대한 분이십니다.

이미 붙잡은 것이 아니요, 이미 얻었다 함이 아니라 했습니다. 자신이 깨달은 것들이 있기는 하지만 그것에 안주할 수 없다는 것이겠지요? 더 알고 배워야 할 것들이 너무 많다 여긴 것이겠지요?

그러니 이 미련한 자는 일러 무엇 하겠습니까? 가르쳐 주십시오. 주님께서 산등성이를 달리시고 언덕을 달려오셔서 "나의 사랑 나의 어여쁜 자여, 일어나서 함께 가자!" 말씀하십니다.

그처럼 저의 손을 잡아 일으켜 주십시오. 깨우쳐 주십시오. 임의 마음, 임의 부활의 능력을 알게 해 주십시오. 네, 함께 가겠습니다. 선뜻 일어나 임의 손을 잡고, 임을 따라가겠습니다.

나의 무지가 한 꺼풀씩 벗겨질 것입니다. 임의 보혈로 덮어 주시고 임의 영으로 깨우쳐 주시리라 믿습니다.

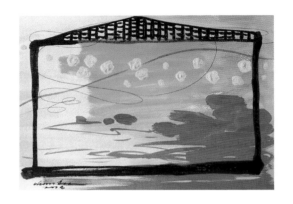

보라. 겨울도 지나고 비도 그쳐 사라졌으며. - 11

네, 저의 겨울도 지나갔습니다. 오래 지속되던 이스라엘의 겨울비도 그쳤습니다. 하늘은 파랗게 소망의 드넓은 자락을 펼쳐 놓았습니다. 참 겨울이 길었지요. 웅크리고 웅크리며, 참고 인내해야만 했습니다. 시련의 비도 많이 내렸었습니다. 오직 임의 손길, 아버지의 따뜻한 시선을 바라보아야만 했습니다. 내면으로 성숙해지기 위한 기간이었습니다. 이제는 저의 나무에도 어느 만큼 평화의 열매가 달렸습니다.

이제는 주님의 손을 잡고 친교의 기쁨을 누리기를 소망하고 있습니다. 위의 인용에서 바울이 **"그의 고통의 친교"**를 알려 한다 했습니다. 그 목적이 **"그의 죽음의 본을"** 따르려 하는 것이라 했습니다. 쉽지 않은 대목입니다. 주님과의 친교는 기쁨인데 고통의 친교라니요?

그렇군요. 예수께서 십자가 고난의 험산 준령을 넘으시고 부활하셔서 모든 이름 위에 뛰어난 이름을 얻으시고 영광스러운 하나님 우편에 앉는 영광을 누리게 되신 것을 의미하는 것이군요. 십자가 없이 부활이 없고 죽음의 고통 없이 영광이 없기 때문이었군요. 자신도 주님처럼 모진 고난을 각오하고 그 고난 속에서 영광스러운 승리, 놀라운 변화, 부활의 능력을 경험하고 싶어 하는 것이로군요.

그렇다면 저 역시 고통의 친교를 사모해야 하는 것인가요? 저 역시 십자가 밑 죽음의 자리까지 나아가야 하는 것인가요? 바울처럼 베드로처럼 나의 목숨을 내어놓아야 하는 것인가요?

그렇습니다. **"누구든지 나를 따르려는 자는 자기 십자가를 져야 한다."** 하신 말씀의 의미를 진즉 묵상했던 터였습니다. 십자가를 진다는 것이 무거운 책무를 회피하지 않아야 한다는 정도의 말씀이 아닙니다. 십자가의 끝은 죽음이며 무덤에 묻히는 것입니다. 그런 후에 부활이 있는 것입니다.

저 또한 주님을 사랑하기에 주님의 말씀을 온전히 받아들이고자 합니다. 그래서 죽음의 본을 따르고 어떻게 해서든지 부활에 이르기를 소원합니다. 인도하여 주십시오.

땅에는 꽃들이 피고 새들이 노래하는 때가 왔도다.
산비둘기의 우는 소리가 우리의 땅에서 들리는도다. - 12

　꽃 피고 새들이 노래하는 봄, 비둘기의 노랫소리가 들린답니
다. 그뿐이겠습니까? 봄이 되면 새들의 사랑노래가 온 산에 가
득, 와자지껄하지요. 저는 호랑지빠귀 소리를 특히 좋아했지요.
휘파람 부는 새 말이에요. 그런데 정작 휘파람새는 따로 있습
니다. 호랑지빠귀는 그저 단음밖에 낼 줄 모르지요. 그에 비해
휘파람새는 능수능란하게 연주합니다. 둘 다 휘파람 부는 것은
같은데 어떤 것이 더 우수하다 할 수 없지요. 저는 너무나 청
아한 호랑지빠귀를 더 좋아합니다.
　새들은 다들 짝을 열심히 부르고 있는 것입니다. 목소리를
한껏 다듬어야만 하는 것은 경쟁자들이 있기 때문입니다. 그처

럼 제가 주님의 마음을 사로잡으려면 저 나름대로 비장의 무기
가 있어야 하는 것인데… 다른 것은 제게 없고 순수한 열정 하
나가 있습니다. 다른 아무것도 바라질 않고 오직 당신, 당신의
사랑만을 원하는 것, 당신이 그저 좋고, 당신의 끝없는 십자가
사랑이 너무 고마워 날마다 울먹이며 당신을 노래하는 것, 당
신을 사랑하며 그저 무릎으로 다가가는 것입니다.

주님, 나의 사랑하는 임이시여!

화창한 봄이 되었으니 우리 밖으로 나가십시다. 당신과 함께
동산을 거닐며 더욱 아름다운 사랑의 밀어를 나누십시다. 지적
이고 논리적인 여러 말이 필요하겠습니까? 임께서는 이미 나의
마음을 다 아시니… 제가 많은 말로 당신의 마음을 지루하게
해드릴 필요가 있겠습니까? 그냥 함께 걸으면서 임의 마음을
느끼는 것, 임의 압축된 진리의 말씀을 듣는 것이 좋겠습니다.

그렇습니다. 저는 단 한마디라도 임의 농밀한 진심이 담긴
말씀 듣기를 원했습니다. "나의 사랑하는 자야!" "나의 어여쁜
자야!" "사랑하는 나의 신부야!" 그들 중 어느 하나라도 좋습
니다. 그 말씀 한마디면 저는 만족합니다. 사람의 말 수천 마디
를 어찌 당신의 말씀 한마디에 비하겠습니까?

무화과나무는 푸른 무화과들을 내고
포도넝쿨은 부드러운 포도로 좋은 향기를 내는도다.
나의 사랑, 나의 어여쁜 자야 일어나 떠나자 하였도다. - 13

　나의 사랑, 나의 어여쁜 자, 술람미는 온전히 임의 소유가 되
었음이 강조되고 있습니다. 이것을 저는 독점적인 사랑의 속성
이란 관점에서 이해합니다. 그러나 우리들의 신랑 예수께서는
수많은 성도들을 거느린 모든 이들의 임이십니다. 개별적인 관
계 하나하나가 거저 된 것은 없습니다. 다 절절한 사연들이 있
을 것입니다. 그래서 주님과의 사랑은 모두에게 각별합니다.
그 사랑이 어떤 이유로든 중단되어서는 안 되는 것입니다. 저
와 당신과의 사랑도 더욱 깊어져서 그런 지속적인 일치 상태가
되기를 간절히 바랍니다.

임이여, 제가 무화과 열매를 따서 임께 드리겠습니다. 주께서 아침결 성전으로 나가시는 길에 시장하셔서 무화과나무에 열매가 있나 살펴보셨는데 잎만 무성하여 저주를 하신 적이 있으시지요. 아직 이른 철이었습니다. 그러나 그것은 열매 없는 이스라엘, 형식적인 제사만 있고 아름다운 행실의 열매가 없는 것을 뜻하신 것이었지요. 그처럼 열매 없는 이스라엘은 저주를 받을 수밖에 없었습니다. 그래서 이스라엘의 상징인 그 무화과나무는 주님의 꾸짖음대로 금세 말라 버렸습니다.

사랑하는 주님!

이제 저를 보십시오. 저에게는 아름다운 열매들이 있습니다. 다 주께서 공급해 주신 지혜와 환경으로 인해 열심히 복음을 담아 그림을 그렸고 사역해 왔습니다. 그것이 저의 향유이고 열매들입니다. 주께서 함께하심으로 열매들이 풍성하게 열렸습니다. 앞으로 더욱 창대하리라 믿습니다.

네, 포도나무가 무성하고 포도가 익어 향기를 풍기고 있다 합니다. 포도나무가 튼실하게 열매 맺는 비결은 오직 주님과 함께하는 것, 늘 주님의 도우심을 바라보고 주의 말씀을 따라 걸어갈 때 풍성한 열매를 맺을 수 있는 것입니다.

바위틈과 가파른 산 은밀한 곳에 있는 오 나의 비둘기야,
나로 네 용모를 보게 하고,
나로 네 음성을 듣게 하라.
네 음성은 달콤하고 네 용모는 아름다움이라. - 14

　극히 위험한 상황에 있는 술람미, 주께서 손 내밀어 늘 붙잡
아 주시지 않으면 언제 추락할지 알 수 없는 주님의 비둘기,
그런데 술람미는 왜 가파른 산비탈 위험한 곳에 가 있는 것입
니까? 주님 없는 인생을 이름일 것입니다. 저 또한 주님을 만
나기 전엔 그와 같았습니다.

　한 치 앞을 알지 못하는 것이 인생이잖습니까? 스스로를 건
사할 수 없는 것이 우리 인생이잖습니까? 그러니 언제나 당신
의 돌보심이 절실합니다. 의지합니다. 나의 도움, 나의 든든한
바위, 나의 임마누엘이신 당신을 의지합니다.

　"네 용모를 보게 하고 네 음성을 듣게 하라."

　보잘것없는데 그토록 나를 사랑하시니, 늘 나의 비둘기라 하
시며 사랑해 주시니, 늘 함께 있고 싶어 하시고 늘 말씀을 나
누고 싶어 하시니… 저의 자존감이 드높습니다. 만왕의 왕, 만
주의 주님으로부터 과분한 사랑을 받는 저는 참으로 존귀한 존
재입니다.

　그렇습니다. 사랑은 그렇게 강합니다. 사랑이 그렇게 상황을
만들었습니다. 저도 연애 시절에 그런 경험을 아주 진하게 했
습니다. 늘 함께 있어야 하고 늘 그 목소리를 들어야 하는…

마치 열병에 걸린 사람과 같았습니다. 한 번은 무려 네 시간 동안이나 전화 통화를 했지요. 너무 아쉬워서 수화기를 놓을 수 없었던 것입니다. 무슨 할 말이 그리 많았던지요? 그 네 시간이 전혀 길게 느껴지지 않았습니다. 그런 경험이 있었기에 임의 마음을 어림짐작할 수 있습니다.

임께서 제게 그러하신데... 그런데도 저는 제 일에 바빴고, 시간을 많이 내어드리지 못했습니다. 문밖에 계시도록 무심히 지낸 시간들이 너무 많았습니다. 송구합니다.

오늘 새벽 두 시가 조금 넘어 저를 깨워 주셨습니다. 한 시간가량 소파에 앉아 묵상도 하고 말씀에 담긴 임의 마음을 살피고자 했습니다.

"그분 안에는 신격의 모든 충만함이 몸의 형태로 거하시나니 너희도 모든 정사와 권세의 머리이신 그의 안에서 온전하게 되느니라.(골 2:9, 10)"

저는 이 말씀을 암송했습니다. 주님의 위대하심이 어떠하며 주님이 우리 안에 거주하신다는 것을 압축한 요절이기 때문입니다. 당신의 위대하심에 대하여 골로새서는 더욱 상세히 기술하고 있습니다.

"만물이 그에 의하여, 그를 위하여 창조되었고 그는 만물 이전에 계시고 또 만물은 그로 말미암아 존속하느니라. 그는 몸인 교회의 머리시라. 그는 시작이시며 죽은 자들로부터 첫 번째로 나셨으니 이는 그가 만물 안에서 으뜸이 되려 하심이라. 이는 그의 안에 거하는 것이 아버지를 기쁘게 하였음이며 그의

십자가의 보혈을 통하여 화평을 이루고 땅에 있는 것이나 하늘에 있는 것이나 그에 의하여 모든 것이 자신과 화해하는 것이라.(골 1:16-20)"

그렇게 위대하신 당신께서 "내 사랑하는 자야. 내가 너를 보고 싶다. 네 목소리를 늘 듣고 싶다." 술람미와 저에게 말씀하십니다. 오순절 이후 당신은 영으로 나와 함께, 모든 믿는 이들과 함께 사십니다. 아예 우리의 몸을 성전 삼고 동거동행 하고 계십니다. 이것이 너무나 확고한 사실임을 성령께서 늘 깨우쳐 주십니다.

바울 사도는 당신의 위대하심에 구구절절 세세하게 묘사함으로써 임의 위대하심에 사실감을 더했습니다. 당신께서 이 땅에 계실 때 황공하게도 우리와 같은 육신 안에 신격의 모든 충만함을 숨기셨습니다. 보기에는 연약한 육신을 입으셨고 우리와 별다를 바 없었지만 그 육체 안에 위대한 신격으로 충만(**all the fullness of the Godhead bodily**)했습니다.

그런 당신께서 부활 후 영광을 회복하셨고 승천하시어서 하나님 우편에 앉아 계십니다. 그러고는 약속하신 대로 당신의 영 성령을 보내셨고 그분은 우리 각자 안에 들어오셔서 함께 생활하시고 있습니다. 바울이 어떤 곳에서 **"예수의 영, 예수 그리스도의 영(빌 1:19)"**이라 한 것은 매우 직접적인 표현일 것입니다.

주님이 내 안에, 내가 주님 안에 사는 삶, 그렇다면 당연히 당신과의 친교가 있어야만 합니다. 그러나 저는 무지했고 마음을 열 줄을 잘 몰랐습니다. 아가서를 읽고 묵상하며, 또 바울의 서신들을 상세히 살피고 묵상하며 당신을 알아 가고자 합니다. 이처럼 방향을 잡게 된 것부터가 당신의 이끄심이라 믿습니다.

우리를 위하여 여우들,
포도넝쿨을 망치는 작은 여우를 잡으라.
우리 포도넝쿨에는 부드러운 포도가 있음이라. - 15

　주님께서는 사랑하는 자에게 작은 여우를 잡으라고 이르십니다. 당신께서 직접 잡아 주시는 것이 아닌 것을 보면 술람미 스스로 잡아내야 하는 것으로 여겨집니다. 여우가 작은 동물이긴 해도 여기저기 굴을 파면서 포도나무 뿌리를 망치고 넝쿨을 망치면 큰 해를 입을 수 있는 것이지요. 그것이 한 마리가 아니라 여러 마리라면 좀 더 심각해질 수 있습니다. 작다 하여 무시해 버리면 안 되겠습니다. 사사롭고 그릇된 습관을 고치는 것은 매우 중요합니다. 그런 것은 우리 스스로 결심하고 노력해야 합니다.

내 사랑하는 이는 내 것이요, 나는 그의 것이니
그가 백합꽃들 가운데서 양떼를 먹이는도다. - 16

"I in you, You in me(요 17)" 강한 유대감, 또는 일치된 의식을 나타내 보이고 있습니다. 술람미의 고백이지요. 그런데 신랑은 함께 사는 것이 아닙니다. 주 나시기 약 천 년 전, 아직 그런 단계에 이르지 않은 때였지요. 성령에 이끌린 솔로몬의 의식이 술람미로 하여금 천 년을 앞서 '임마누엘'을 고백토록 하고 있습니다.

신랑은 술람미와 떨어져서 백합화 가운데서 양 떼를 치고 있습니다. 그 백합화들은 우리나라의 환경과 다른 매우 척박한 풍토에서 피어난 것임을 이미 살펴보았습니다. 신랑 역시 포도원지기인 술람미처럼 낮아져서 그 언저리에 머물고 있는 것으

로 보입니다. 적당한 거리를 두는 것이 아직 필요한 시점인 듯
합니다.

> **날이 기울고 그림자가 사라지면 돌아오소서.**
> **나의 사랑하는 사람이여,**
> **당신은 벧엘 산 위의 노루나 어린 사슴 같나이다. - 17**

그러나 술람미는 임이 보고 싶어 안달입니다. 솟아오르는 연
정 지그시 누르고 평상심을 유지할 수 없는, 아직 자기 컨트롤
이 잘 안 되는 상태입니다. 그래서 호소합니다. 속히 돌아오기
를… 밤이 되기 전에 돌아와 밤을 함께 보내며 임의 품에 안길
수 있기를…. 또다시 일치의 염원을 보입니다.

"당신은 사슴 같고 어린 노루 같다." 말하고 있습니다. 신랑
은 더 이상 왕의 위엄을 갖춘, 다가가기 어려운 높은 자리에 앉
아 있지 않습니다. '마음 높이'가 동등하게 조절된 듯합니다. 보
다 깊은 사랑을 나누려면 자신을 둘러싸고 있는 지위, 격식과
관습 등을 다 내려놓아야 하는 것이겠지요. 동등한 입장에서,
같은 눈높이에서 서로를 바라보아야 하는 것이겠지요. 그래야
만 더 잘 사랑할 수 있고 더 잘 이해할 수 있는 것이겠지요.

그래서 나의 주님께서도 낮고 낮은 이 땅에 육신의 몸을 입
고 오시어 우리와 같아지셨습니다. 그러고는 **"나는 너희를 더
이상 종이라 부르지 않겠다."** 하시고 우리를 친구하셨습니다.

"그분 안에는 신격의 충만함이 몸의 형태로 거하시나니 너희도 모든 정사와 권세의 머리이신 그의 안에서 온전하게 되느니라.(골 2:9, 10)"

그렇게 위대하신 분께서 우리를 친구하시고 연인 삼으셨으니 파격 중의 파격입니다. 다 사랑 때문이었지요. 당신의 진실하시고 무한하신 사랑이 그런 기적을 만들어 냈습니다.

그러므로 술람미가 왕이신 임을 동등하게 바라보고, 그 임이 사슴이나 어린 노루 같다 하는 것도 기적 같습니다. 그것이 믿어지고, 그것이 자신 안에서 인정된다는 것, 결코 자연스러운 심리의 흐름은 아닙니다. 오늘 우리는 그 술람미처럼 반복되는 성령님의 감화, 감동하심으로 같은 고백을 드리고 있습니다.

사랑합니다. 사랑합니다. 사슴과 어린 노루의 순수한 마음으로 나를 사랑하시는 임께 저의 마음을 활짝 엽니다. 속히 돌아오십시오. 양 떼를 돌보는 것 이제 그만 마치시고 술람미에게로 돌아오십시오. 당신만을 골똘히 생각하며 애타게 그리워하는 저에게 속히 오십시오.

날이 저물고 있습니다. 세상이 더욱 캄캄해지고 있습니다. 자신들의 그림자조차 지워 버리고 이전투구 하는 정치인들의 저 끝없는 대립과 갈등을 언제까지 보아야 하겠습니까? 저희들이 언제까지 그런 틈바구니 속에서 탁한 공기를 마시며 살아야 하는 것입니까? 지금 이런 상황이 바로 **"바위틈 낭떠러지 은밀한 곳"**이 아니겠는지요?

3장

내가 밤에 내 침상에서
내 혼이 사랑하는
그를 찾았도다.
내가 그를 찾았으나
그를 발견하지 못하였도다.
—

1

밤에 나의 침상에서 임을 찾았다는데 꿈속에서 임을 찾아 헤매었다는 것이겠습니다. 게다가 '나의 혼이 사랑하는 분'이라 하고 있습니다. 사랑이 극진하면 현실과 꿈이 하나로 이어지기도 하는 것이지요. 저도 한창 미스 김을 사랑할 때 매일 그녀의 꿈을 꾸었지요. 꿈속에서 그녀와의 만남은 어찌 그리 달콤하던지요? 술람미도 아마 그런 상태가 아니었을까 하는 생각을 합니다.

　"나의 혼이 사랑하는 임"은 마음 깊은 곳, 내면의 깊숙한 곳으로부터 사랑하는 임입니다. 우리의 당신께 대한 사랑은 마땅히 그러해야지요. 모든 것을 다해, 즉 마음과 목숨과 힘과 생각을 다해 사랑해야 하는 분이시니까요.

내가 이제 일어나서 성읍을 돌아다니며
내 혼이 사랑하는 그를 거리와 큰 길에서 찾으리니,
내가 그를 찾았으나 그를 발견하지 못하였도다.
성읍을 순찰하는 파수꾼들을 만나 내가 그들에게 묻기를
"당신들은 내 혼이 사랑하는 그를 보았는가?" 하였는데 — 2, 3

　술람미는 성읍을 돌아다니며 길거리에서 임을 찾으려 애를 썼습니다. 그러나 그분은 밤에 길거리를 나다니지 않으셨습니다. 임을 만나지 못해 애를 썼는데 파수꾼들에게 물어보아도 그들은 알 수가 없었습니다. 워낙 대단한 분, 한 나라의 왕이기에 파수꾼들이 행방을 알 수 있겠다 싶었던 것입니다.

　사실 오늘 저 역시 그처럼 임을 찾아 헤매고 있는 것인지도 모르겠습니다. 당신의 음성을 듣고 싶어 애쓰고 애썼는데 '이것이다.' 하고 붙들었지만 지나고 보니 잘못 들었던 적이 여러 번 되풀이되었습니다. 이제는 임의 음성을 잘 알아듣는 것이 저의 매우 중요한 과제가 되었습니다. 한 주 전 제직헌신예배에 가서 함께 다음과 같은 노래를 올려드렸습니다.

　　주님 말씀하시면 내가 나아가리다.
　　주님 뜻이 아니면 내가 멈춰서리다.
　　나의 가고 서는 것 주님 뜻에 있으니
　　오 주님 나를 이끄소서.
　　뜻하신 그 곳에 나 있기 원합니다.
　　이끄시는 대로 순종하며 살리니
　　연약한 내 영혼 통하여 일하소서.

주님 나라와 그 뜻을 위하여
오 주님 나를 이끄소서.

주님의 말씀을 듣고 주님의 뜻대로 행동하는 것이 헌신하려
는 사람의 가장 중요한 과제임을 나타내고 있습니다. 그런데
이런 찬양이 그저 매너리즘에 빠진 것은 아닌가 생각됩니다.
주님과의 친교를 간절히 갈망하는 마음이 아니라 바른 자세로
성경 말씀을 따라 살면 되는 것이라는 막연한 생각이 문제라는
것이지요. 말씀은 누구나 늘 읽고 있고, 무엇이 선하고 악한 것
인지를 다 잘 알고 있지요. 그러나 특정한 사안에 대한 우리
주님의 뜻이 어디에 있는지를 아는 것, 동인지 서인지, 올라가
야 하는지 내려가야 하는지에 대한 구체적인 인도함을 바르게
받아야 하는데… 잘못 방향을 잡으면 갈수록 목적지와 멀어질
수밖에 없는데….

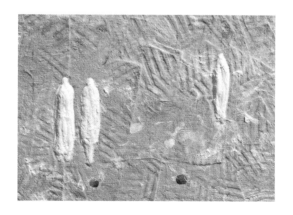

내가 그들을 지나치자마자 내 혼이 사랑하는 그를 만났으니,
내가 그를 붙들고 내 어머니의 집,
나를 잉태한 어머니의 방으로
그를 데려올 때까지 놓지 아니하였도다. - 4

다행한 일이 생겼습니다. 파수꾼들을 지나치자마자 임을 만난 것입니다. 그래서 임을 꼭 붙들고 어머니의 집으로 데려왔습니다. 왜 어머니의 집, 그것도 자신을 잉태한 어머니의 방으로 온 것입니까?

생명의 씨가 잉태된 곳, 한 생명이 선과 악을 알 수 없는 씨앗으로 잉태된 곳, 그 방으로 우리 주님을 인도했다는 것은 우리 주님과의 교제가 그처럼 순수해야 한다는 것을 의미하는 것이라 생각되는군요. 주님은 너무나 순수하시고 거룩하시고 의로우신 분이시므로 우리도 그런 상태의 순수함을 가져야 한다는 것이겠습니다. 세상에 섞여 살면서 보고 듣는 것이 다 죄와 연관되어 있어 때를 덕지덕지 묻히고 사는 인생이잖습니까?

순수의 방으로의 환원, 술람미는 임의 옷자락을 붙들고 기어이 그 방으로 왔던 것입니다. 꿈결이지만…. 오늘 우리가 순수해지기 위해서는 주님의 옷자락을 붙잡아야 한다는 것의 의미이겠습니다. 주께서 우리를 씻어 주셔야만 순수의 상태가 될 수 있는 것이겠습니다.

오, 임이여!

다시금 나를 씻어 주소서. 당신의 보혈로 나를 덮어 주소서.

그리하여 저의 마음, 저의 영혼이 더욱 순수하게 하시옵소서. 그리하여 당신과의 꾸밈없는 순수한 교제가 긴밀하게 일어나게 하시옵소서. 저 또한 당신을 놓지 않겠습니다. 당신을 꼭 품고 살겠습니다. 당신의 이름을 인장처럼 저의 가슴에 새겨 달라 하셨지요? 팔뚝에도 새겨 달라 하셨지요? 주님께서도 **"나는 결코 너희를 떠나지도 버리지도 않겠다."** 약속하셨지요?

**오 너희 예루살렘의 딸들아,
내가 노루들과 들 사슴들로 너희에게 부탁하노니,
그가 원하기까지는 내 사랑을 흔들지도 말고 깨우지도 말라. – 5**

술람미는 임을 모시고 달콤한 밤을 보내고 있습니다. 그녀의 옆에 주님이 주무시고 계십니다. 그러나 사실은 '머물고 계시다'라고 해야 할 것입니다. 주님은 '졸지도 않으시고 주무시지도 않으시는 분'이니까요. 갈릴리의 밤바다에서 풍랑을 만났을 때에 주께서는 뱃고물을 베고 주무셨었지요. 그러나 위급하게 돌아가는 상황을 다 아셨습니다. 그래서 제자들이 당신을 깨우자 "어찌하여 믿음이 그리 없느냐?" 꾸짖으셨습니다.

술람미는 다만 주님 곁에 있고 싶었습니다. 주께서 함께 계시는 것으로 만족한 듯 보입니다. 그래서 예루살렘의 여자들이 주님을 사모하여 흔들어 깨우지 말기를 간절히 바라고 있습니다. 자신도 꿈에서 깨어나지 않기를 바라고 있습니다.

그런데 그녀들은 누구입니까? 주님의 전에서 이런저런 일들을 많이 하는 사람들을 이른 것이라 여겨집니다. 마르다처럼 분주하게 일은 많이 하는데 정작 주님의 말씀에 깊이 귀 기울이지 않는 사람들, 내면으로 깊이 주님과 사귀는 것을 힘쓰지 않는 사람들이라 여겨집니다. 그런 그들에게 노루들과 들사슴 같은 여린 마음으로 부탁하고 있습니다. 수선 맞은 사람들에게 순진무구한 동물의 상징인 노루나 들사슴을 들이대는 것이 매우 효과적이기 때문일 것입니다.

어제 저녁 '세상에 이런 일이'라는 TV 프로그램에서 어린 고라니의 이름을 수풀 가운데서 열심히 부르는 아저씨가 있었습니다. "꽃순아! 꽃순아!" 큰 소리로 한참 부르니 어린 고라니가 나타났고 그 아저씨를 따라다녔습니다. 사연인즉 두어 달 전에 다쳐서 제대로 움직이지 못하는 녀석을 데려다가 치료해 주고 우유를 먹여 주었다는 것입니다. 귀는 쫑긋하고 코는 새카만데 반짝반짝 윤기가 돌았으며 눈망울은 순수함 그 자체였습니다.

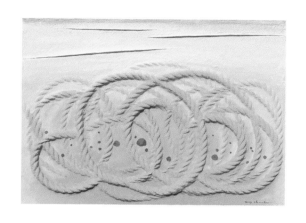

연기 기둥과도 같이,
몰약과 유향과 상인들의 모든 향료로 향내를 내며
광야에서 오는 이가 누구인가? - 6

사랑하는 주님!

당신에 관해 더없이 멋진 표현을 하고 있습니다. 연기 기둥, 구름 기둥 같다는 것은 영광스러운 하나님 임재의 상징이지요. 과거 이스라엘 백성들을 인도했던 구름 기둥, 성막을 짙은 구름으로 가득 채웠던 성막봉헌식이 생각납니다. 우리 주님은 그처럼 영광의 하나님과 함께하시는 분이십니다. 그분께서 향내를 진동시키시면서 광야를 걸어오십니다. 상인들의 모든 향료로 향기를 풍기시는 분, 그 향기는 우리 임의 아름답고 선하며 정의로운 인격, 위대한 위격으로부터 나오는 것이지요. 그런데 광야로부터 올라오신다는 것 역시 예전 이스라엘 백성들의 광야 사십 년을 생각나게 합니다. 많은 고난의 역사를 넘어 오늘 나에게 다가오시는 주님, 당신의 백성들을 떠나지 않으시고 질곡의 역사를 함께하시는 주님의 다가오심, 그분을 바라보는 저역시 광야에 있는 것입니다.

그런데 왜 고난의 광야에 내려가셨습니까? 광야에 있는 저를 구하시기 위하여, 바위틈 낭떠러지 은밀한 곳으로부터 '구출해 내시기' 위하여 다가오시는 주님이십니다. 고난의 십자가를 지기까지 내려가신 분이십니다.

그의 침상을 보라, 그것은 솔로몬의 것이로다.
이스라엘의 용사 중에서 육십 명의 용사가 그것을 호위하였는데
그들은 모두 칼을 잡고 전쟁에 능숙한 사람들이라.
각자가 그 밤에 두려움으로 인하여 넓적다리에 칼을 찼도다. - 7, 8

그냥 오시는 것이 아니라 전쟁에 능숙한 잘 훈련된 용사 육십 명을 거느리고 오십니다. 우리들 주위에는 주께서 물리치셔야 할 원수들이 많이 있기 때문일 것입니다. 용사들은 다들 넓적다리에 칼을 찼다는군요.

재림의 그날, 영광스러운 주님께서 어떤 모습으로 오실 것인가를 성경에 상세히 기록하고 있습니다. 수많은 천사들을 거느리고 오신다 했습니다. 그날, 영광의 구름을 타고 오시는데 동에서 번쩍, 서에서 번쩍하시면서 나타나신다 했습니다. 주님을 찌른 자들도 볼 것인데 예고 없이 도둑처럼 오신다 했습니다. 마라나타!

솔로몬왕이 그 자신을 위하여 레바논 나무로 병거를 만들었는데 그 기둥들은 은으로, 바닥은 금으로, 그 덮개는 자주색으로 만들었으며 그 가운데는 예루살렘의 딸들을 위하여 사랑으로 입혔도다. - 9, 10

임께서 타신 가마가 매우 화려하게 묘사되어 있습니다. 사실 그 정도의 화려함은 우리 주님의 영광에 비하면 아무것도 아니지요. 다만 마음에 꼭 새기고 싶은 것은 예루살렘의 딸들을 위하여 덮개의 가운데를 '**사랑으로 입혔도다**'라고 한 것입니다. 당신의 신부들을 사랑하는 마음으로 덮개의 중심 부위를 입혔다면 그 부분의 재질이나 색깔이 특별했겠군요.

그렇습니다. 당신께서는 그날, 우리를 구름 속으로 끌어올리셔서 공중에서 상봉을 하도록 하실 것입니다. 그때 우리 임의 멋진 모습을 말로 다 설명할 수 없을 것입니다. 그런데 우리들 또한 주님처럼 영광스러운 모습으로 변화되어 나타날 것이라 합니다. 골로새서에서 말씀 한 구절 인용하겠습니다.

"우리의 생명이신 그리스도께서 나타나실 때 너희도 그와 함께 영광 가운데 나타날 것이라.(골 3:4)"

지금은 우리의 참된 생명이 그리스도 안에 감추어져 있을 뿐입니다. 그러나 세상 사람들과는 이미 다른 차원에서 살고 있습니다. 이것을 많이 묵상하려고 위 구절을 암송해 두었습니다. 그 말씀에 대한 믿음이 있다면 모든 술람미들은 늘 기쁨으로 생활할 수 있을 것입니다. 어마어마한 영광을 입게 될 것을 확신할수록 그 기쁨과 기대는 더욱 커지겠지요.

오 너희 시온의 딸들아. 나가서 왕관을 쓴 솔로몬왕을 보라.
그의 어머니가 그의 혼인식 날, 그의 마음의 기쁨의 날에
그에게 씌워준 왕관이로다. - 11

영광스러운 혼인잔치에 왕관을 쓰고 나타나신 멋진 우리 임

이십니다. 그 혼인잔치에 대해서는 복음서에 잘 기록되어 있습니다. 우리는 등불 하나씩을 끝까지 잘 간수해야 합니다. 기름이 떨어지지 않도록 기름을 잘 채워 두는 것 또한 매우 중요하지요. 그리고 깨끗한 세마포 예복을 입고 있어야 합니다. 그것은 성도들의 착한 행실이라 했지요.

4장

보라, 나의 사랑, 너는 어여쁘고,
보라, 너는 어여쁘도다.
너는 네 머리타래 안에
비둘기의 눈을 가졌고,
네 머리카락은 길르앗 산에서
나타나는 염소떼 같구나.

—

1

보라Behold! 주님은 당신의 신부들이 자랑스럽습니다. 그래서 담대하게 그녀를 바라보라고 말씀하십니다. 왜 아니겠습니까? 당신의 몸 버려 피 흘려 사신 당신의 것 아닙니까? 아버지 하나님께서 눈에 넣어도 아프지 않을 나의 귀염둥이라 하시잖았습니까? 당신께서 삼 년 반 동안이나 육신으로 사람들과 함께 사시면서 온갖 귀한 말씀으로 가르치셔서 그 인격을 아름답게 다듬지 않으셨습니까? 하늘에 오르셔서 성부 하나님 우편에 앉으신 후에는 당신의 영을 보내셔서 그 말씀들이 생각나도록, 깨우쳐지도록 돕고 계시지 않습니까?

그래서 임께서는 **"어여쁘고, 보라, 너는 어여쁘다"** 반복해서 말씀하십니다. 그만큼 만인들 앞에, 천군천사들 앞에 당신의 신부들은 자랑거리요, 성부 하나님께도 자랑거리이십니다.

이제부터 임께서는 우리의 신체 한 부분 한 부분을 언급하시면서 가장 멋지고 알찬 언어로 찬사를 보내십니다. 그냥 뭉뚱그려 아름답다, 어여쁘다 하시는 것이 아닙니다. 우리 몸 구석구석 다 임의 작품 아닌 것이 하나 없어서 다 소중하고 아름답습니다. 그래서 자랑스레 모든 이들에게 자랑하고 싶어 하십니다.

사랑하는 주님!

임께서는 먼저 너울 너머 머리(KJV 원문을 따라서)에 살짝 가려져 있는 눈을 주목하십니다. 당신 앞에 고개를 들지 못하고 다소곳이 숙였기 때문이었을까요? 비둘기 같은 눈, 비둘기 중에서도 눈같이 하얀 비둘기를 떠올립니다. 귀엽고 민첩하며 조르르 윤기 나는 모습, 당신께서는 비둘기의 눈에 주목하시기보다 '비둘기 같은' 순수한 눈빛에 주목하시는 듯합니다. 사실 비둘기의 눈 자체는 아름답고 말 것도 없는 작고 빨간 동그라미일 뿐이지요. 그러므로 비둘기가 자꾸 언급되는 것은 그 순결한 자태 때문이라 여겨집니다.

그렇습니다. 우리는 맑은 눈, 순수한 시각을 가져야 합니다. 세상에 살면서 온갖 다양한 사물, 사건들이 우리의 시야에 들어오지요. 우리는 그것을 말씀으로 걸러 내고 성령의 조명을 통해 보아야 합니다. 세상 것들 속에는 좋지 않은 것들이 많이 있습니다. 보암직하고 먹음직하다 하여 덥석덥석 받아들여서는 안 됩니다. 비둘기의 하얀 순결의 시각으로 사물을 바라보아야 합니다.

네, 그리스도인은 기독교적 세계관을 가져야만 하는 것이지요. 복음의 프리즘, 말씀의 프리즘으로 세상을 보고 사물을 해석해야 합니다. **"너희는 내가 일러 준 말로 이미 *깨끗하여 졌으니* 내 안에 거하라.(요15:3)"** 제자들에게 말씀하신 적이 있습니다. 그래서 임께서는 지금 당신의 말씀으로 깨끗해진 우리의 맑은 눈을 보고 계십니다. 우리가 어여쁘고 어여쁜 것은 바로 그 때문입니다.

다음으로 **"머리카락은 길르앗 산에서 나타나는 염소떼 같다."** 하십니다. 길르앗산은 해발 600미터의 고원지대로 돌과 언덕이 많은 울퉁불퉁한 지대입니다. 그리고 풀과 물이 많아 양 떼나 염소 떼를 목축하기에 좋은 곳입니다. 염소들이 자유롭게 돌아다니며 풍족하게 풀을 뜯어 먹으니 그 털이 윤기가 나겠지요? 그래서 다른 고장의 염소 떼와 비교되는 모습인가 봅니다. 그런데 염소는 순종하지 않고 들이받는 기질이 있어서 바르지 못한 성도에 비유되곤 하는 동물입니다. 그런 염소에게도 좋은 점이 있어 술람미의 머리털에 비유되었습니다. 자연히 우리의 머리털 하나하나까지 세어 두셨다는 복음서의 말씀이 생각납니다. '삼단 같은 검은 머리'라는 우리식 표현은 길고 윤기 나는 머리를 삼단에 비유한 것이지요.

> **네 이는 씻는 곳에서 올라온 털 깎인 양떼 같으니,**
> **그 중에는 새끼를 낳지 못하는 것이 하나도 없고**
> **각기 쌍둥이를 낳은 것 같도다. – 2**

털 깎인 양 떼의 모습, 붉은 살갗이 다 드러난 양 떼의 모습은 매우 연약하고 애처로운 모습일 것이라는 생각을 합니다. 그런데 임께서는 이빨의 그런 외모보다 새끼를 낳을 수 있다는, 즉 건강한 생명력을 주목하시는 것 같습니다. 그것도 그 양들이 각기 쌍둥이를 낳았거나 잉태한 것으로 묘사하시니 더더욱 그러합니다. 하얗게 드러낸 이, 이는 음식을 씹는 기능을 하면서도 외모에 매우 중요한 영향을 미치지요. 그런데 임께서는 외모의 특성으로부터 내면성을 유추해 내십니다.

주님의 엄청난 사랑을 받고 있는 술람미는 자신의 달란트를 열심히 개발하고 가꾸어서 세상에 빛을 발하고 아버지의 영광을 드러내며 복음의 열매, 곧 생명의 열매들을 부지런히 맺어야 합니다. 추수꾼을 찾으시는 당신이시니까요.

그래서 저는 열심히 사역하고 있습니다. 요즈음 새로운 콘셉트로 작업하고 있는 것에 저는 많은 기대를 하고 있습니다. 꽃과 순례자의 결합입니다. 바짝 당겨 대형화한 꽃은 우리 주님의 상징이지요. 꽃의 내밀한 의미를 주님과 연결 지은 것은 참으로 성령께서 주신 지혜입니다. 저는 보다 빛나게, 순결하게, 아름답게 표현하고자 최선을 다하고 있습니다. 물론 늘 당신께서 공급해 주시는 지혜를 간구하지요. 그래서 저의 꽃이 주님의 아름답고 선하시고 거룩하신 성품을 보다 잘 드러낼 수 있기를 바라고 있습니다.

> 네 입술은 주홍색 실 같고 네 말은 아름다우며
> 네 뺨은 네 머리타래 안에서 석류 한 쪽 같구나. - 3

붉은 입술이 주홍색 실(타래) 같다는 것, 특별한 의미를 부여하셨군요. 여리고성을 쳐들어갈 때 라합의 집만큼은 성벽에 그 주홍색 줄(수 2:18)을 늘어뜨린 표식을 보고 그와 가족들을 살려 주었었지요. 그것이 복음의 한 표식이라는 것을 들은 적이 있습니다.

저는 작품을 완료한 후 최종적으로 빨간 점 서넛을 찍어 우리 주님의 보혈을 표시하고 있습니다. 라합에게는 그 줄이 생명줄이 되었고 저에게는 은총의 표식이 되었습니다. 그러므로 입술이 '붉음'에서도 복음을 읽을 수 있다는 것은 아가서가 온전히 성령의 감동하심으로 되었다는 것을 확인합니다.

그런데 제가 인물을 그리면서 그 인물의 성격을 결정하는 데 입술이 눈보다 더 많은 영향을 끼친다는 것을 늘 경험합니다. 그만큼 정확한 데생과 명암표현이 까다로운 것이 입술 부분입니다. 그러므로 그 입술에서 나오는 말이 아름답다 한 것은 매우 주목할 만합니다. 아름다운 말은 신부가 된 성도의 마땅한 덕목이지요. 그 말이 그의 인격을 나타내기 때문입니다. 말을 어떻게 하느냐에 따라 악인도 되고 의인도 된다 말씀하셨을 정도입니다. 또한 주님의 가르침을 받아 성숙하게 된 사람이 절제를 곁들여 하는 말은 덕을 세우는 생활에 꼭 필요합니다.

뺨이 석류 한 쪽 같다는 말씀, 다른 이들의 묵상을 살펴보니 쪼개 놓은 석류의 안쪽을 주목했더군요. 저도 가을이면 마트에 진열되어 있는 석류를 보고 몇 개씩을 사곤 하는데 제가 석류에 끌리는 것은 쪼개기 이전의 아름다운 외양 때문입니다. 수줍은 듯 발그스레한 윤기를 머금은 것이 참 보기 좋지요. 화가들이 종종 다른 과일들에 곁들여 석류를 그립니다. 그 석류의 반을 쪼개어 엎어 놓으면 건강한 처녀들의 볼을 연상할 수 있을 것입니다. 주님께서는 술람미의 볼을 보고 석류를 떠올리셨던 것입니다. 단단한 외피 안의 새콤달콤하면서 핏빛 같은 과즙과 많은 씨앗들, 그것을 먹어 결코 배부를 수는 없지만 씨앗이 많다는 것은 번식력이 강하다는 것으로 묵상하면 유익할 것입니다.

네 목은 병기를 두려고 건축한 다윗의 망대,
곧 그 위에 일천 개의 작은 방패들과
용사들의 모든 큰 방패들이 걸려 있는 망대 같도다. - 4

망대는 정찰이 가장 중요한 목적인데 망대를 높이 지으려면 그만큼 견고해야 할 것입니다. 그래서 다윗의 망대는 그 규모가 대단합니다. 그 안에는 많은 무기를 둘 수 있는 창고도 있었습니다.

술람미의 목이 그처럼 견고해 보였던 것일까요? 임 바라기의 일념으로 시종일관할 수 있는 목, 그러려면 다윗의 망대 같은 견고함이 필요했으리라 여겨집니다. 목이 곧은 것은 때때로 이스라엘백성들의 고집을 책망할 때 표현되곤 하지만 여기서는 그 의미와는 사뭇 다릅니다. 다윗을 망대 같다고 한 것은 임 바라기의 우직함과 듬직함이 느껴지는 표현입니다.

임이여!

저 또한 다윗의 망대처럼 견고한 믿음으로 오직 당신만을 바라보겠습니다. 다른 것을 따라간다는 것은 있을 수 없는 것, 주님을 더 많이 사랑하고 더 많이 헌신하는 것, 그리고 당신을 더 알기 위해 노력하는 것, 그래서 당신과 하나 되는 것이 제 생활의 목표입니다. 그 점에서 바울과 어떤 차이도 제게 있어서는 안 된다 생각합니다. 주의 영을 보내셔서 함께 살게 하셨으니 늘 선히 지도해 주시리라 믿습니다.

네 두 가슴은 백합꽃들 가운데서 꼴을 먹는
어린 두 마리 쌍둥이 노루 같구나. - 5

유방을 어린 두 마리 쌍둥이 노루에 비유하셨습니다. 그것도
백합꽃들 가운데서 꼴을 먹는 어린 노루. 쌍둥이니 가슴 양쪽
이 같겠지요? 순수한 아름다움의 진수를 표현하는 데 사용된
어린 노루, 전 그런 노루를 본 적이 없지만 다만 상상으로 다
가갈 뿐입니다. 보통 유방을 성적인 심벌쯤으로 여기지요. 늘
참 아름다운 곡선이라 생각했습니다. 그것이 인체를 과학적으
로 접근하여 착용하기 좋고 아름다움을 돋보이게 하는 브래지
어의 도움을 받습니다. 그런데 여기서는 그 젖가슴이 성적인
것과는 무관한 것으로 묘사되고 있습니다.

소중한 것을 임께 드리기 위하여 내면으로 아름답게 다듬어
진 무엇이라 생각됩니다. 가슴속에 임께서 기뻐하실 만한 것들
을 차곡차곡 쌓아 올려서 자연스럽게 이루어진 내공의 미. 먼
저는 사랑의 깊이와 열기를 더하고 더하여 보다 풍부해지는 신
앙인격, 또는 임과의 빈번한 친교를 통해 쌓이는 아름답고 선
한 추억들, 그리고 믿음과 신뢰를 쌓고 쌓아 이런저런 아름다
운 내면의 열매들이 풍부해지는 것으로 생각하고 싶습니다.

우리의 생명이신 주님, 우리의 모든 것이 되시는 주님을 더
욱 아름답게 사랑하고 섬기는 것, 그것이 보다 아름다운 가슴
을 갖기 위한 노력이 되어야 한다 생각됩니다. 오, 주님을 사랑
하고, 사랑하고, 사랑하오니 더욱 친밀히 다가오소서. 그리하여

저의 기쁨이 충만하게 하여 주시옵소서.(요 15 참조)

날이 기울고 그림자가 사라지면
내가 몰약의 산과 유향의 작은 산으로 가리라. - 6

주님!

날이 기우는 것, 저무는 것(개역개정)은 세상이 죄악으로 어두워져 주님 오실 날이 가까웠음을 의미합니다. 지금이 바로 그때입니다. 이런 때 우리 신부들은 몰약산, 유향산으로 가야만 합니다. 니고데모가 거기 골고다, 해골산으로 몰약과 침향 섞은 것을 백 근(32.7kg)이나 가지고 밤에 올라갔었습니다. 아리마대 사람 요셉은 세마포를 가지고 갔었고요. 그들은 그것을 가지고 참혹하게 되신 우리 주님의 몸을 닦아드리고 고이 싸서 장례를 치렀습니다. 그것을 누가 시켜서 하겠습니까? 사랑하고 사랑하기에, 존경하고 존경하기에 마음 깊은 곳으로부터 우러나와 그런 착한 일을 한 것입니다.

이후 우리 마음이 선한 사람들은 종종, 아니 매일 묵상으로 그곳을 올라 우리 주님께서 못 박히셨던 곳을 배회하며, 또는 무덤가를 배회하며 우리 주님의 내음을 맡고 그 흔적을 더듬어야 합니다.

날이 많이 저물었지요. 세상이 캄캄합니다. 세상의 흉흉한 소문을 들으며 주의 신부들은 주님의 발자국 소리를 듣습니다. 한겨울인데도 코로나 바이러스가 전 세계를 돌아다니며 사람들의 목숨을 위협하고 있습니다. 많은 나라들이 긴장 속에 방역작업을 하고 있으나 감염자와 사망자가 늘어나고 있습니다. 우리나라 역시 삼 주 전부터 확진자가 급속하게 늘어나 온 국민들이 긴장하고 있습니다.

또한 최근 몇 개월 동안에 일본, 뉴질랜드, 필리핀에서 화산이 폭발하여 많은 사상자들이 생겨났고 며칠 전 터키에서는 강력한 지진이 발생하여 수십 명이 죽었으며 수천 명이 부상을 당했습니다. 오스트레일리아에서는 몇 달간 대륙 전역에 걸쳐 화재가 나서 꺼지지 않고 계속 타고 있습니다. 화재 발생지역이 한때 180여 곳에 이르렀고 그로 인해 호주의 대기오염은 심각한 수준에 이르렀습니다. 또한 수없이 많은 동물들이 죽었습니다. 놀라운 것은 1,600km나 떨어진 뉴질랜드의 남섬까지 호주의 탁한 공기가 날아가 청정한 뉴질랜드 상공을 뒤덮었다고 합니다.

이러니 날이 저물었고 주님 오실 날이 임박했다는 생각을 하지 않을 수 없습니다. 이런 때 만왕의 왕이시요, 만주의 주님이신 주님을 신랑으로 모신 이들은 마음을 다잡아 오롯이 주님을 앙망해야만 합니다. 주님 안에 있으면 아무런 두려울 것이 없습니다. 낮에 쏘다니는 염병, 유행병을 걱정할 것이 없고 좌우에서 수천, 수만이 쓰러진다 해도 아무 걱정할 것이 없습니다.

오, 나의 사랑하는 주님!

제 생활에 늘 몰약과 유향 향기를 풍길 수 있게 하시니 다시금 감사드립니다. 제 그림에 떨어진 우리 주님의 핏방울, 그것은 우리 주님께서 우리의 구원을 위하여 저 몰약산에서 십자가에 못 박혀 흘리신 피입니다.

저의 화폭엔 아름답기 그지없으신 우리 주님의 마음, 순결하기 이를 데 없으신 주님의 마음을 커다란 장미 한 송이, 새하얀 철쭉에 임의 고상하심과 아름다우심을 담았습니다.

내 사랑아, 너는 모두가 어여쁘니 네게는 흠이 없구나. - 7

짝에 대한, 신부에 대한 이보다 더한 찬사는 없을 것입니다. **"내 사랑아!"** 혹자는 철 지난 구식 표현이라 여길 수 있지요. 그러나 그것이 만왕의 왕, 만주이신 주님의 언명이란 것을 생각하면 구식 어쩌고 하는 것은 가당치 않습니다.

한없이 위대하신 분으로부터 내가 특정된 상대자가 되었다는 것, 그것의 선포, 그것은 타자의 간섭을 일체 배제한 당신만의 독점적인 소유의식을 나타낸 것이며, 겸손히 그 글을 읽는 나는 이미 임의 진정한 포로가 되었다는 것을 의미합니다. 당신께서는 '사랑'이란 두 글자에 압축하여 당신의 마음을 표시하셨습니다.

그러므로 어떤 수식어도 **'사랑'**을 능가할 수 없습니다. 그 두 글자에는 실로 어마어마한 의미가 축약되어 있습니다. 당신의 몸을 내어 주면서까지 나를 사랑하셨고, 모든 이들을 사랑하신 것의 압축. **내 사랑아!** 저는 이보다 아름다운 말, 이보다 멋진 언어가 있을 수 없습니다. 그런 사랑을 제가 받고 있습니다.

주님!

임께서는 저와 우리의 모든 것이 **'어여쁘다'** 하십니다. 머리끝부터 발끝까지 예쁘지 않은 것이 없다 하십니다. 왜 그리 어여쁜 것일까요?

그것은 당신께서 다듬어 주신, 당신을 닮은 형상이기 때문일 것입니다. 아무것도 모르는 자, 죄 속에 푹 빠져 죄를 물 마시듯 하며 산 자를 세상으로부터 건져 내시었지요? 그러고는 하나하나 세세하게 가르쳐 주시고 깨닫게 하시면서 예쁘게, 고상하게 다듬어 주셨지요?

세상 사람들이 저를 볼 때 자기네들과 어떤 차이가 있음을 느끼지 못할 것입니다. 그러나 주님께서 저와 우리를 볼 때, 다른 말로 복음적인 시각으로 저희를 보실 때 흑과 백의 차이만큼이나 다를 것입니다. 네~, 제가 주님 밖에 있을 때엔 더럽기 이를 데 없는 새까만 누더기 옷을 입고 있었지요. 그러나 지금은 아닙니다. 지금은 임께서 입혀 주신 흰 옷, 순결하고 고상한 옷을 입고 있습니다. 세상 어디에도 이보다 더 깨끗한 옷은 없습니다. 그러니 당신께서 보실 때 저의 모든 것이 다 어여쁠 것입니다.

"네게는 흠이 없다."

이는 우리를 향하여 당신의 입술로 선포한 '의의 선포'입니다. 모든 것을 다 아시는, 진리의 원천이시고 심판자이신 당신의 언명입니다. 사실은 흠투성이였지요. 그러나 주님의 그 언명과 선포에 아무도 이의를 제기할 수 없습니다. 참소자 마귀가 무어라 대꾸할 수 없습니다. 당신께서 의롭다 한 자를 감히 누가 참소할 수 있겠습니까? 당신께서 피 흘려 깨끗하게 하신 자를 누가 '죄 있다' 할 수 있겠습니까? 아버지 하나님으로부터 전권을 위임받으신 만물의 지배자, 오직 당신만이 그렇게 흠 없다 선언하실 수 있으십니다.

오, 나의 임이여!

나는 값없이 임의 은혜를 입었습니다. 그러나 나의 주님께서 치르신 대가는 너무도 엄청난 것이었습니다. 그래서 저는 십자가 앞에서 늘 눈물로 당신 발을 적실 수밖에 없습니다. 울고 또 울며 감사의 말씀을 올릴 수밖에 없습니다. 그래서 성찬식에서 수찬자인 저는 당신이 몸을 상징하는 빵조각을 늘 눈물에 적셔 목으로 넘깁니다. 성령께서는 항상 당신의 그 헌신이 진실됨을 제게 알려 주시고 확인시켜 주시지요. 그래서 저 또한 나의 주님을 더욱 흠모하며 어디든지 따라가겠다는 결심을 다

지곤 합니다. 주의 영 안에서, 임의 십자가 이후 이천 년의 간극은 아무런 장애가 될 수 없습니다. 성령의 감동하심을 통하여 저는 하시라도 그 골고다에 가서 임의 발밑에 엎드릴 수 있습니다. 임께서 피를 흘리시고 있는, 아니 이미 숨을 거두신 당신 발밑에서 당신을 올려다볼 수 있습니다. 성령님과 함께…. 신앙의 신비입니다.

나의 신부야,
레바논으로부터 나와 함께 가자.
레바논으로부터 나와 함께 가자.
아마나의 정상에서, 스닐과 헤르몬의 정상에서,
사자들의 굴들에서, 표범들의 산들에서 바라보아라. − 8

　사랑하는 주님, 아가서의 중간 지점에서 비로소 '나의 신부'라 호칭하십니다. 사랑하는 이는 이제 임의 신부가 되었고 사랑은 매우 큰 진전을 이뤘으며 확실한 열매를 맺었습니다.

　'나의 신부', 이는 주님께서 독점적인 지위를 가졌음을 천상천하에 공적으로 선포하는 것이고, 신부라 하심으로써 이제는 돌이킬 수 없는 법적인 관계로 돌입했음을 의미하는 것이겠습니다. 즉 나와 당신과의 관계는 영원히 끊을 수 없는 공식적인 관계가 되었습니다. 물론 이는 성부께서 바라시고 기뻐하시는 것이었습니다. 성부께서는 우리가 당신 안에서 일관된 사랑과 헌신과 충성의 마음으로 이 관계를 지속하기를 바라신다고 확신합니다.

오, 주님!

그런데 신부는 소비와 환락의 도시 레바논에 있었습니다. '레바논의 향수'라는 표현이 이 책에 많이 나오는 것으로 그처럼 미루어 짐작할 수 있습니다. 그래서 임께서는 나와 우리 형제자매들이 그곳을 떠나기를 원하셨고 그곳을 나와 주님의 손을 잡고 새로운 세계로 나아가기를 바라십니다. 착한 술람미들은 당연히 주님의 이끄심에 모든 것을 내맡기고 따르는 것이지요. 기쁨과 자유와 감사가 넘치는 생명의 세계인데 어찌 주님의 제의를 거절하겠습니까?

술람미, 곧 당신의 신부는 매우 위험한 곳에 있었습니다. 술람미가 서 있는 곳은 아마나의 정상, 스닐과 헤르몬의 정상으로 그곳은 해발 삼천 미터를 오르내리는 고산이었습니다. 깎아지른 바위산, 눈보라가 몰아치는 변화무쌍한 기후로 자칫 발을 헛디디면 생명을 건질 수 없는 낭떠러지로 추락할 위험이 도사리고 있는 곳입니다. 누가 손잡아 주지 않으면 생존을 이어 갈 수 없는 혹독한 악산, 고산의 정상입니다.

그곳의 영적인 의미는 악의 영이 지배하는 세상의 한복판일 것입니다. 그런데 흉악한 맹수 사자들이 우글거리고 사납고 표독스러운 표범이 우글거리는 곳입니다. 곧 마귀들이 그 영혼을 할퀴고 할퀴어서 목을 부러뜨림으로써 영원한 어둠 속으로 던져 버리는 지역입니다. 상황이 그런데도 술람미는 자신을 지킬 수 있는 무기를 갖고 있지 않습니다. 구원의 여망은 어디에도 없습니다. 그런 때에 주님께서 손 내밀어 그곳을 떠나자 하시니 행운 중의 행운입니다.

성부 하나님으로부터 보내심을 받아 한없이 멀고 먼 곳으로부터 오신 나의 주님이십니다. 성부께서 우리를 다만 사랑하셨기에 당신을 보내셨고 성부와 동일한 마음을 가진 당신께서는 기꺼이 순종하셨습니다.

그런데 NKJV에서는 그 산꼭대기에서 내려오라 하지 않고 산꼭대기에서 (아래를) 바라보라 합니다. 하지만 다른 버전들은 일제히 내려오라 하고 있습니다. 개역개정 쉬운성경 우리말성경 공동번역 현대인의성경 표준새번역 NIV MSG NRSV 등.

개중에 depart, leave가 있으나 그 역시 descend와 같은 의미입니다. 저는 어떤 번역의 입장에 서야 하는가를 고심했는데 바라보는 것이나 내려오는 것이나 큰 차이가 없다는 결론을 내렸습니다. 그 위험한 산꼭대기에서 주위를 둘러보고 아래를 내려다보면 그곳을 떠날 수밖에 없고 내려올 수밖에 없을 것입니다. 그러니 다른 번역은 바라본 다음 내려가는 두 단계를 생략하고 곧바로 '내려오라'는 것으로 표기한 것이라 여겨집니다.

주님!

당신을 만나기 전 우리 모두는 그처럼 험악한 환경에 있었습니다. 우리는 사탄의 조종을 따라 살았고, 사탄이 권세를 잡고 있는 세상에 살면서 하나님의 법도와는 아무런 상관없이 살았습니다. 그것은 죽음이었고 어둠이었습니다. 그곳이 아마나산이고 스닐산이고 사자굴과 표범이 득실거리는 지역이었습니다. 그것도 산의 꼭대기에서 무장해제 된 채 무방비로 노출되어 있었습니다. 그런 나를 불러내시어서 사랑한다 하시고 마침내 신부로 호칭해 주시니 모든 것이 일방적인 은혜입니다.

> 나의 누이, 나의 신부야, 네가 내 마음을 빼앗아 갔구나.
> 네가 한쪽 눈과 네 목의 사슬 한 개로
> 내 마음을 빼앗아 갔구나. - 9

호칭이 "나의 누이, 나의 신부"로 중복되어 표현되고 있습니다. 주님께서 제자들에게 "나는 이제부터 너희를 종이라 하지 않고 벗이라, 친구라 하겠다." 말씀하신 적이 있으시지요. 그 말씀에 비추어 보면 주님은 우리의 벗이며 형님이시며 우리의 짝, 우리의 신랑이십니다. 그처럼 이중적인 표현이 당신과의 관계를 더욱 풍성하게 했습니다.

한쪽 눈과 목의 사슬 한 개(눈짓 한 번, 목걸이 하나, 구슬 한 꿰미로도 번역되었는데 한쪽 눈은 보다 많은 번역이 눈짓 한 번으로 표기하고 있습니다.) 이는 한 번의 눈짓, 곧 첫눈에 반한 것이라 여겨집니다. 사랑은 서서히 달구어지는 수도 있고 한눈에 반하는 경우도 있습니다. 혜안을 가지신 주님의 경우는 첫눈에 반한다는 것이 알맞을 것입니다. 깊이 재고 더 알아보아야 하는 과정을 생략하실 수 있을 것입니다.

문제는 신부들이지요. 신부는 무지하고 우매 미련해서 신랑이신 당신의 마음을 잘 헤아리지 못할 때가 많습니다. 그래서 공연히 다른 데 마음을 쏟고, 지나고 나면 후회하며 회개하는 경우가 너무 많지요.

그런데 우리의 사랑이 아니라 완전하신 주님께서 우리를 그토록 사랑하신다는 것이 훨씬 중요합니다. 그 사랑은 절대로 변할 수 없고 중단될 수 없습니다. 그 사랑의 최고봉은 십자가를 통해서 완전히 드러났습니다. 나를 사랑하기 위해 당신의 목숨을 내어놓은 사랑, 주께서는 이에 대해 "벗을 위하여 목숨을 버리는 것보다 더 큰 사랑이 없다." 단언하셨습니다. 최상의 사랑으로 우리를 사랑하시는 주님, 내가 잠시 빗나갔을지라도 오래 기다리며 참아 주시고 용서해 주십니다. 아니 나의 그릇

됨을 발견할 수 있도록 성령으로 깨우쳐 주십니다. 돌아오라. 나의 신부야, 호소하는 음성을 들을 수 있게 하십니다. 호세아 는 바람난 아내를 찾아가 그의 빚을 다 청산해 주고 찾아왔습니다. 당신의 마음을 예언자의 생활을 통해 드러내신 것입니다.

술람미가 목에 걸친 목걸이가 그렇게 예뻤다고요? 사랑하시니까 그녀의 모든 것이 다 사랑스러우셨겠지요? 사랑이 없었다면 그깟 목걸이 얼마든지 손에 넣으실 수 있는 당신이십니다. 혹 그 목걸이가 당신을 사랑한다는 술람미의 한 표식은 아닐는지요? 십자가 목걸이 같은.... 혹 당신께서 그 목걸이에 사랑의 표식을 새겨 술람미의 방에 두고 갔는데 술람미가 반색을 하고 목에 걸친 것은 아닐까요? 그런 목걸이를 두르고 있으니 임을 위해 나의 목숨, 나의 모든 것을 바치겠다는 표식으로 받아들이신 것은 아닐는지요? 아가서에서 양측의 사랑은 누가 먼저랄 수 없는 것이었습니다. 보는 순간 서로가 마음을 빼앗겼고 상대방의 포로가 되었습니다. 신랑이신 주님은 물론이거니와 술람미도 임을 처음 만났을 때, 당신이 어떤 분임을 알았을 때 그의 운명이 방향 지어졌습니다. 자석처럼 끌려 다른 이는 있을 수 없고 오직 당신을 향하여 돌진해 들어갈 뿐이었습니다.

저 또한 그랬습니다. "내 어린 양 떼들아!" 하는 말씀이 나를 향한 당신의 말씀이란 것을 깨달았을 때, 그 말씀이 천둥처럼 나의 영혼을 강타했을 때, 그때 저의 운명은 다 결정되었습니다. 그처럼 힘 있는 음성을 들어 본 적이 없는 저는 놀랍고 놀랍기만 했습니다. 이후 저는 날마다 당신의 음성에 귀 기울여야 했고 그것이 저의 나침반이었습니다. 처음 들려주신 그 말씀은 지금도 어제처럼, 오늘처럼 생생하기만 합니다.

오, 임이여!

나는 십자가를 목걸이로 삼고 당신을 따라가겠습니다. 그 길 말고는 다른 길이 있을 수 없습니다. 나의 생명이 당신께 있는 데, 생명의 말씀이 당신께 있는데 내가 어디로 가겠습니까? 그에 있어서는 열두 제자들과 제가 조금도 다를 것이 없습니다. 하지만 무지하고 미련하니 세세히 인도하여 주십시오. 아멘.

나의 누이, 나의 신부야,
네 사랑이 어찌 그리 어여쁜가!
네 사랑은 포도주보다 훨씬 더 낫고
네 향기름 내음은 모든 향료보다 더 낫도다! – 10

주님이여!

주님의 신부는 매우 특별한 사람입니다. 당신이 멋지심을 알고 당신께 매료되어 영원히 모든 것을 바쳐 사랑하기로 굳게 결심한 때문입니다. 그렇게 따라나선 임의 신부를 보며 당신은 감탄사를 연발하십니다.

그런데 가만히 보니 이제까지는 "나의 어여쁜 자여, 나의 사랑하는 자여!" 하시는 당신의 사랑을 주목해 왔습니다. 그런데 이번에는 신부의 임께 대한 사랑을 표현하고 있습니다. 그 사랑이 너무나 귀하고 대단하여 감탄사를 계속해서 날리시는 당신은 최상의 찬사를 보내고 계십니다. 신부가 임께 드리는, 임에 대하여 품고 있는 사랑이 포도주보다 낫다고 하십니다. 달콤하기 이를 데 없다 하십니다. 왜 그럴까 곰곰 생각해 보았습니다.

그것은 신부의 사랑이 자신의 내부로부터 솟아난 것이 아니라 당신의 섬세한 이끄심, 당신 보혈의 공로로 깨끗하게 하심, 깨닫게 하시는 성령의 공급하심 때문이었습니다. 스스로는 사랑할 줄도 모르는 거칠고 메마른 포도원지기의 야성만이 있었습니다. 세상 욕심밖에 없었던 자였고 죄밖에 모르는 자였는데 그 소굴로부터 빠져나오게 하셔서 하나하나 세세하게 가르쳐 주신 때문이었습니다. 하나님께서 싫어하시는 것을 버리고 하나님께서 좋아하시는 것만을 따르도록 하셨던 것입니다. 그렇게 훈련에 훈련을 거듭하며 그 신앙인격이 다듬어지고 맑아졌기 때문입니다.

그래서 결국 당신 보시기에 아무 흠도 없는 자, 모든 것이 어여쁘기만 한 자가 되었기 때문입니다. 어떻게 하면 아버지를 기쁘시게 해드리고 당신을 올곧게 따라갈 수 있을까? 오로지 그것이 제일의 목표가 되어 세상과 거기에 속한 것은 다 장애물이요, 배설물과 같이 되어 버렸기 때문입니다. 바울처럼, 요한처럼, 베드로처럼….

"보라. 아버지께서 어떠한 사랑을 우리에게 베푸사 하나님의 자녀라 일컬음을 얻게 하셨는고? 그가 우리를 위하여 목숨을

버리셨으니 우리가 이로써 사랑을 알고 우리도 형제들을 위하여 목숨을 버리는 것이 마땅하니라.(요일 3:1, 10)"

사도 요한의 이 권면을 보면서 참으로 주님께서 그를 보시면서 기뻐하시겠다는 생각을 합니다. 그가 본디 그러했던 것은 아니었지요. "우레의 아들"이란 별명이 있을 정도로 괄괄하고 급한 성격의 소유자가 아니었습니까? 그랬던 그는 이미 형제들을 위하여 목숨을 버릴 각오를 하고 있습니다. 주님처럼…. 그러니 그 사랑을 어찌 어여쁘다 하시지 않겠습니까? 포도주의 달콤함은 아무것도 아닌 것이지요. 사실 우리의 임에 대한 사랑을 포도주에 비견하신 것은 좀 약한 수준입니다. 바울이나 베드로 그리고 요한의 고백들은 너무 귀중한 보석입니다. 하지만 포도주를 보완하는 다른 풍부한 표현들이 많이 있습니다. 모든 향기름보다 낫고 각종 향료를 내는 나무들이 술람미의 동산에 우거졌다 하셨으니까요.

그 모든 아름다운 사랑의 마음을 가진 술람미는 당신의 작품입니다. 그러면서도 그것은 술람미의 자발적인 동의 없이 된 것은 아닙니다. 다 내면의 동의를 거친 술람미의 인격적인 고백입니다. 그러기에 임께서 그의 사랑을 더욱 귀하게 보시는 것이지요. 그러기에 그 사랑이 참으로 어여쁜 것이지요.

"네 향기름 내음은 모든 향료보다 더 낫도다." 온전히 그리스도를 품은 사람은 그리스도의 향기를 발합니다. 그를 보면 예수님이 더없이 귀하게 보이는 사람, 그래서 나도 저렇게 되었으면 하는 바람이 저절로 우러나는 사람입니다.

악취를 풍기는 이들이 많은 이 시대에 그것이 결코 쉬운 것은 아닙니다. 때론 손가락질을 당하며 모함을 당할 수 있습니다. 작년에 열심히 가가호호 방문하며 복음을 전하고자 애썼는데 친절히 맞아 주는 사람을 만나는 것이 쉽지 않았습니다. 그럼에도 예수님이 구주가 되심을 전했던 것은 그 자체가 향기였다 믿습니다. 복음의 씨앗을 많이 뿌리는 중에 다행히 감사한 열매들이 있었습니다. 순교의 각오를 다지며 저 자신을 다그쳤던 기도의 연속, 아직 열매 맺지 않은 나무들은 때를 따라 주께서 이루실 것이라 믿습니다.

오, 나의 신부야,
네 입술은 벌집의 꿀처럼 흐르고,
네 혀 밑에는 꿀과 젖이 있으며,
네 옷 향기는 레바논의 향기 같도다. - 11

표현들이 매우 농밀합니다. 어떤 사역자가 이를 액면 그대로 이해하고 전파하여 물의를 빚는 촌극이 있었다는군요. 주님께서 하신 이 말씀들을 잘 새겨들었다면 좋았겠다고 생각했습니다.

"하늘나라에서는 다 천사들과 같아서 시집가고 장가가는 것이 없느니라."

천사들은 몸을 가지지 않은 영적 존재인지라 육체적인 사랑을 할 수가 없지요. 그처럼 하늘나라에서는 원천적으로 육체적인 욕구자체가 존재치 않는 나라라는 주님의 가르침입니다. 아가서의 표현들은 다만 우리들의 이해를 돕고자 몸의 구조를 통하여 설명하신 것뿐입니다.

아담과 하와가 선악과를 따 먹는 죄를 범하기 전에는 벗었으나 부끄러움을 몰랐다 하였습니다. 건강한 몸을 가졌으나 성욕자체가 없었던 것입니다. 따라서 우리는 성령께서 주시는 지혜에 의지하여 위의 말씀들을 얼마든지 영적으로 이해할 수 있습니다. 그 유익이 얼마나 대단한지요?

꿀처럼 흐르는 입술, 그 입에서 나오는 말씀이 달고 오묘하여 시간 가는 줄 모르고 우리 주님의 입술을 쳐다보았던 수많은 사람들, 그들은 사흘 동안 먹는 것도 잊고 주님의 말씀에 귀를 기울였습니다. 오병이어의 기적은 그들이 허기져 쓰러질 것을 염려하신 주님의 배려였던 것입니다. 주님의 혀 밑에 꿀과 젖이 있다는 것 역시 같은 선상에서 이해되는 것입니다. 저역시 말씀의 달콤함을 수시로 맛보며 살고 있으니 감사할 뿐입니다.

그런데 그런 꿀과 젖이 주님의 입술에서만 흐르는 것이 아니라 신부의 입술에서도 흐른다 하셨습니다. 당연한 것이지요. 늘 주님의 말씀을 묵상하고 있는데 자연스레 그 속으로부터 꿀같은 말씀이 흘러나오는 것입니다. 우리의 가슴속 내부가 마치 벌집같이 된 것이지요. 그래서 혀 밑에는 늘 그 꿀과 젖이 고여 있을 수밖에 없습니다. 할렐루야!

**나의 누이, 나의 신부는 잠겨진 동산이요,
닫혀진 우물이며, 봉해진 샘이로다. – 12**

다시금 독점적인 임의 사랑이 표현되고 있습니다. 잠긴 동산, 닫힌 우물, 봉해진 샘. 당신의 허락 없이는 아무도 동산에 들어갈 수 없습니다. 아무도 샘물을 마실 수 없습니다. 아니 허락될 수도 없는 것입니다. 주님 외에는 아무도 사랑할 수 없는 운명적인 것이니까요. 물론 수평적인 형제자매들과의 사랑은 얼마든지 가능합니다. 하지만 우상숭배로 인해 술람미의 일부라도 파괴될 수 없습니다.

어제 주일예배에서 "나 외에는 다른 신들을 두지 말지니라." 십계명 중 첫 번째 계명이 설교되었습니다. 저는 그 독점적인 아버지 하나님의 언명이 너무 감사하게 다가왔습니다. 그것은 우리를 독점적으로 사랑하시는 아버지의 마음 때문이지요. 우리 주님의 마음과 동일합니다.

주님께서는 결코 우리의 자유를 제약하시지 않습니다. 우리 또한 그 계명을 어기고 아버지의 뜻을 거슬러 일탈하는 것을 조금도 원치 않습니다. 온갖 기쁨과 의와 평화와 의미들이 다 당신께 있으므로 그것으로 만족, 대만족입니다.

네 나무들은 아름다운 열매 열린 석류밭이요,
감송향을 지닌 캠퍼와 감송나무와 사프란과,
창포와 계피나무와 모든 유향나무와,
몰약과 알로에와 모든 귀한 향료들이며 - 13, 14

술람미의 동산 안에는 그처럼 풍성하게 열매들이 있고 향나무들이 가득합니다. 그것들을 네이버를 통해 하나하나 검색해 보았습니다. 주님께서 언급하신 것들이니 그 식물들의 생김새가 어떠하고 그 향이 어떠하며, 그 효능이 어떠한가를 알아본 것입니다. 그것들을 저의 창고에 잘 갈무리해 두었습니다. 그리하여 이 묵상들을 형제자매들과 나눌 때에 대비한 것입니다.

'아름다운 열매 달린 석류나무밭'은 특별합니다. 두 젖가슴을 쪼개 놓은 석류라 비유하신 적이 있으셨는데 아름다운 모양의 석류나무들이 밭을 이루고 있답니다. 우리나라에서는 대단위로 석류를 재배하는 곳이 없어 그냥 머릿속으로 그림을 그려 봅니다. 진하디진한 핏빛 과즙의 향기로움, 많은 씨앗이 들어 있는 석류는 미용음료로 애용되고 있지요. 저의 동산에 그런 석류나무들이 있습니다. 그루 수가 얼마나 되는지 저는 모릅니다. 하지만 임께서는 다 세어 두셨겠지요. 농부이신 아버지께서 가꾸셨고 저는 다만 임 안에 있었을 뿐이지요. 요한복음 15장의 포도나무와 같은 맥락으로 이해하고 있습니다.

임이시여!

유향나무, 몰약나무는 상처를 낸 후 그 수액을 받아 고형시키는 것이지요. 그중에 니고데모는 우리 주님 장례를 위해 약 38kg을 준비해 왔었지요. 위에 언급된 것들은 향뿐 아니라 우리 몸에 여러모로 좋은 기능을 한다는군요. 그런 것들을 실제 구입하여 사용해 보고 싶습니다.

열매와 향기로 가득한 우리의 삶과 생활, 이미 저를 그런 도구로 사용해 주신 것을 늘 감사드리고 있습니다. 그럼에도 더욱 향기로워야 하고, 더욱 열매로 풍성해야 되겠습니다. 그래서 우리 주님의 마음을 더욱 기쁘시게 해드려야 하겠습니다. 항상 당신께 붙어 있겠습니다.

동산들의 샘(A fountain of gardens)과 생수의 우물과
레바논에서 흘러나온 시내들이 있도다. - 15

　　여러 버전들 중에서 유독 KJV가 샘들이라고 복수로 표기했
습니다. 여러 동산에서 샘이 솟는다는데 술람미의 동산이 더욱
풍성하면 좋은 것 아닙니까? 저는 그 버전을 따르고 싶습니다.
샘물이 풍부한 동산, 특히 이스라엘에서 본 DAN 샘은 놀라운
풍성함이 있었습니다. 그 샘물이 어찌나 강한 기세로 솟아오르
던지 오십 미터 정도 지나니 콸콸 흐르는 시내가 되었습니다.
분명 우리 주님의 섭리였을 것입니다. 우리나라에서는 그처럼
풍부한 샘물이 없고 상상하기도 어렵습니다.

　　오, 주님!

　　"나를 믿는 사람은 그 배에서 생수의 강이 흘러나리라.(요 7:38)"

이스라엘을 다녀오기 전에는 그 말씀을 읽으면서 저의 상상이 구체적이지 않았습니다. 샘물과 강이 곧바로 연결되는 것을 단에서 보았던 것입니다. 주님이 함께하시면 우리 속에서 그렇게 풍성한 생명이 흐르고 이것이 바로 강처럼 되어 많은 이들이 나의 샘과 시내에서 목을 축일 수 있다는 것입니다.

그러고 보니 시내도 복수로 표기되었군요. 레바논에서 흘러나온 시내들이 술람미의 동산을 휘돌아 적셔 주고 있다는 것입니다. 참으로 풍성한 표현이 아닐 수 없습니다. 이를 보면서 모네의 지베르니 정원을 떠올리지 않을 수 없습니다. 모네는 인근의 강물을 토목공사를 벌여 자기가 판 연못에 끌어들였지요. 남은 물은 정원 한편을 휘돌아 나가고 있었습니다.

그는 연못 주변에 여러 나무들을 심고 연못에는 수련을 심은 후 이를 많이 그렸습니다. 그의 말년은 온전히 수련 연작을 그리면서 보냈습니다. 그러고는 정원 한쪽에는 온갖 꽃들을 심어서 늘 꽃들이 풍성하게 피어나도록 했습니다. 제가 그곳을 방문했을 때 여러 꽃들이 만발했고 저는 그 꽃들을 제 작품에 집어넣었습니다.

연못과 시내와 숲과 화원이 어우러져 있으니 수많은 새들이 날아와 지저귀고 있었습니다. 그것들의 노랫소리가 얼마나 우렁차던지요. 저는 그 소리가 고와서 동영상에 담기도록 녹취를 해 왔습니다.

임이여!

저는 유형의 동산들을 가지고 있지 않습니다. 그래서 샘도 없고 시내도 없습니다. 그러나 제가 가꾸는 SNS동산에는 각종 아름다운 열매들이 있고 각종 향기 나는 향초들이 풍부합니다. 유튜브에는 제가 올린 영상물이 오십여 개 올라 있어서 많은 이들과 우리 임의 은혜를 나누도록 해 놓았습니다. 그리고 블로그에는 다양한 콘텐츠들이 있어서 복음이 깃들인 성화, 기독미술, 풍경들이 있습니다. 요즘 새롭게 아가서 메뉴를 추가해 이것도 풍성한 향기를 발하도록 하고 있습니다. 은혜를 사모하는 이들은 '아가서 묵상' 키워드 하나로 손쉽게 접근할 수 있는 것이지요.

또한 저의 실질적인 동산은 술람미인 저의 내면입니다. 무형의 동산으로 얼마든지 풍성하게 가꿀 수 있는데 이미 많이 풍성해져 있다 생각합니다.

임이여!

저의 동산에 오시도록 초대합니다. 아니 이미 초대장을 드린지 오래되었고 임과 저는 자주 산책을 하고 있습니다. **"빌립아, 내가 이렇게 오래 너희와 함께 있고 나를 본 자는 아버지를 보았거늘 어찌하여 아버지를 보이라 하느냐?(요 14:9)"** 빌립의 말에 주님은 정색을 하시면서 그같이 말씀하셨던 것입니다. 주께서 늘 저와 함께 사시면서 함께 호흡하시는 것을 제가 믿습니다. 정녕 저의 임이시고 신랑이십니다.

이 아침, **"빌립아!"** 부르시는 음성이 제게 감동으로 사무쳐 옵니다. 그처럼 저의 이름을 불러 주시는 것이라 믿습니다. 감사 또 감사드립니다.

오 북풍아, 깨어나라. 너 남풍아, 오라.
내 동산 위에 불어서 향내를 흘려 보내어,
나의 사랑하는 이로 그의 동산에 들어와서
그의 아름다운 실과들을 먹게 하라. – 16

오, 사랑하는 나의 주님!

그처럼 석류나무가 많고 온갖 향나무, 향초들이 많다 해도, 그리고 생수가 강같이 흐른다 해도 바람이 불어야 하는 것이로군요. 북풍이 불고 남풍이 불어서 그 향기들을 사방에 퍼트려서 임께서 그 향에 이끌려 동산을 거니셔야 하는 것이군요. 그래서 임의 동산(His Garden)에서 임과 함께 임의 열매(열매 앞에 소유격 its가 붙어 있음을 주목합니다.)를 따서 왕이신 당신과 함께 먹어야 하는 것이군요. 어찌 먹기만 하겠는지요? 끝없이 사랑의 밀어를 나누며 아름다운 교제를 나누어야지요.

그처럼 동산에 향기를 퍼트리는 분이 성령이십니다. 성령께서는 과수들과 향나무와 향초들이 잘 자라도록 때를 따라 바람을 몰고 오셔서 비를 내리시고 촉촉이 이슬에 젖도록 하시지요. 과일이 익어 가고 향나무와 향초들이 진한 향기를 품을 수 있도록 하시는 분은 보혜사 성령님이지요. 총감독자는 하늘에 계신 우리 아버지이십니다.

"우리는 그리스도의 향기라.(고후 2:15)"

우리 주님께서 우리에게 부탁하신 복음을 이웃에게 다양한 방법으로 전하는 것이 요체일 것입니다. 저는 말과 글과 그림으로 전할 수 있고 생활로 전할 수 있습니다. 즉 그리스도의 덕성을 '뿜뿜' 풍기는 베풂, 배려, 친절, 절제 등을 곁들일 때 복음은 더욱 빛을 발할 수 있습니다. 저를 보고 주위 사람들이 목사님 같다는 말을 하는데 싫지는 않습니다. 저의 품행이 무언가 그리스도의 향기를 풍기기에 그런 말들을 하는 것이라 생각되니까요.

저는 미술 사역을 통해서 복음을 전하고 주님의 향기를 퍼트리는 데 최선을 다해야 합니다. 그러기 위해서 늘 주님의 능력을 구합니다. 모든 좋은 것은 주님으로부터 나오니까요. 오, 주님이여! 세상의 지혜와 재간을 능가하는 아름답고 선하며 거룩함의 향기가 뿜뿜 하는 작품을 할 수 있게 하여 주십시오. 아멘.

5장

나의 누이, 나의 신부야,
내가 나의 동산에 들어와
나의 몰약과 나의 향료를 거두고
나의 벌집을 나의 꿀과 더불어 먹었으며,
내가 나의 포도주를 나의 젖과 더불어 마셨도다.
오 친구들아, 먹으라. 오 사랑하는 사람들아,
마시라, 실로 풍부히 마시라.
—
1

"거두고.." 추수 때가 되었고 신랑이 잔치를 벌였나 봅니다. 유난한 것은 모두가 신랑의 소유로 표시되고 있다는 것입니다. 나의 누이, 나의 신부, 나의 동산, 나의 몰약, 나의 벌집, 나의 꿀, 나의 포도주, 나의 젖 모두 여덟 차례 반복되었습니다. 모든 것이 우리 주님의 소유라 주장하는 것은 지극히 타당한 것이지요. 만물이 당신으로 말미암았고 당신으로 인하여 보존되며 따라서 모든 것은 당신 마음대로 하실 수 있으십니다. 성부 하나님께서는 우리 주님께 모든 것을 위임하셨지요. 그래서 당신을 중심으로 한 왕국을 이루게 하셨는데 아직은 아니지만 임께서 재림하셔서 모든 것을 계획하신 대로 이루실 것입니다. 아멘.

"나는 알파와 오메가라. 이제도 있고 전에도 있었고 장차 올 자요, 전능한 자라.(계 1:8)"

"이제도 계시고 전에도 계셨고 장차 오실 이와 그의 보좌 앞에 있는 일곱 영과 또 충성된 증인으로 죽은 자들 가운데에서 먼저 나시고 땅의 임금들의 머리가 되신 예수 그리스도로 말미암아 은혜와 평강이 너희에게 있기를 원하노라.(계 1:5)"

그렇습니다. 이 땅에도 추수 때가 곧 닥칠 것입니다. 임의 신부들에게는 그날이 기쁨과 감사와 영광이 넘치는 날입니다. 그러나 존귀하신 하나님과 우리 주님의 초대를 끝내 거부하고 등을 돌린 사람들에게는 치욕과 불행으로 가득한 형벌의 날입니다. 그때 우리 주님께서 천사들에게 명령을 내리시어 권능의 낫을 휘두르게 하실 것입니다.

그 후 성도들을 우리 아버지 하나님 보좌 앞으로 모아들이실 것입니다. 그리하여 전능하사 세세토록 살아계시는 아버지께 한없는 기쁨으로 영광의 예배를 올려드릴 것이고, 우리 아버지 하나님께서는 술람미들에게 큰~ 축복을 내리실 것입니다. 아멘.

"오 친구들아, 먹으라. 오 사랑하는 사람들아, 마시라. 실로 풍부히 마시라."

친구들은 수많은 술람미인 우리들입니다. 임께서는 우리를 벗이라 부르겠다고 하신 적이 있으시니까요. 그 잔치에 초대받은 사람들은 제한 없이 꿀과 포도주와 젖을 마실 수 있습니다. 하늘나라에 가서도 먹고 마시는 것이 있다는 것을 계시하는 표현이라 생각합니다. 그것이 합당한 것은 우리들이 몸을 가지고 하늘나라에 들어가기 때문입니다. 우리 모두가 신령하고 지극히 거룩한 상태가 되지만 몸이 있어 생명을 가진 온전한 실체가 된다고 믿습니다.

임께서는 다른 곳에서 **"너희에게 이르노니 내가 포도나무에서 난 것을 이제부터 내 아버지의 나라에서 새것으로 너희와 함께 마시는 날까지 마시지 아니하리라.(마 26:29)"** 네, 우리는 하늘나라에서 주님과 함께 새 포도주를 마시리라 믿습니다. 그때 우리의 기쁨과 감사가 대단할 것입니다.

오, 임이여!

술람미의 동산은 우리 임의 동산입니다. 그 동산에 술람미는 임이 계셔서 행복하고 임께서는 술람미가 있어서 행복하십니다. 그 동산은 선행적으로 에덴동산을 의미하는바 그 에덴은 장차 우리 임께서 완성하실 하늘나라입니다. 그 하늘나라의 어마어마한 도성에서 어떤 행복한 일이 일어날지에 관해 계시록 21장, 22장에 상세히 기록되어 있습니다. 그 계시들이 낱낱이 이루어질 것입니다. 반드시 이루어질 것입니다. 아멘.

내가 잘지라도 내 마음은 깨어 있나니 두드리는 것은
내 사랑하는 이의 음성이라.
말하기를 나의 누이, 나의 사랑, 나의 비둘기,
나의 더럽혀지지 않은 이야, 내게 문을 열어다오.
나의 머리는 이슬로, 나의 머리타래는 밤이슬로 가득하도다.
내가 나의 겉옷을 벗었으니 어찌 다시 입으리오?
내가 나의 발을 씻었으니 어찌 다시 더럽히리오?
나의 사랑하는 이가 문구멍으로 그의 손을 들이미니
그에게로 내 마음이 움직였도다. － 2~4

술람미가 홀로 잠자리에 들었다는 것, 그뿐만 아니라 임이

오셔서 문을 열어 달라 하시는데도 선뜻 일어나지 않는 술람미. '임께서 문구멍으로 손을 내밀어 당신임을 표시했는데, 무엇보다 문을 열어 달라는 임의 음성을 들었음에도 그는 미적거리고 있었습니다. "속옷만 입었는데 어찌 겉옷을 다시 입으랴. 어찌 다시금 발에 흙을 묻히랴." 확실히 술람미의 태도에 문제가 있습니다. 그런 태도를 보면 술람미가 정말 솔로몬을 사랑하는가에 의구심이 들 정도입니다.

술람미가 임의 손임을 확인했다면(손에는 특별한 표식이 있었겠지요.) "오, 주님! 잠깐만 계시옵소서. 곧 열어드리겠나이다." 하며 급히 겉옷을 걸치고 문으로 달려가야 했었습니다. 그녀의 손이 문을 열어젖히기 전에 음성으로 환영의 표시를 했었어야 했습니다. 그런 표시도 못 하고 우물쭈물하는 동안에 시간이 꽤 흘렀고 임은 결국 단념하고 발길을 돌이켰습니다. 술람미가 임을 맞이하는 마음가짐과 태도에서 미숙했고 적극적이지 못했습니다. 임께서 발길을 돌리신 것은 순전히 술람미 탓입니다.

그렇다면 주님은 왜 그 늦은 밤에 찾아오셨던 것일까요? 예전과는 달리 가마도 수행원도 없이 홀로 오셨습니다. 얼마나 많이 걸으셨던지 머리가 이슬로 다 젖었습니다. 대체 무슨 일이 있었던 것일까요?

저는 아가서가 우리 주님 그리스도와 주의 성도 간의 사랑노래라는 것을 전제할 때, 그처럼 험한 모습으로 오신 이유가 다름 아닌 십자가 고난을 예표하고 은유하는 것이라 믿습니다. 그렇지 않다면 왕 솔로몬이 그처럼 험한 모습일 수 없는 것입니다. 잠긴 문구멍으로 손을 내밀었는데 술람미가 그 손을 보고서야 임인 줄 확신했다는 것, 이는 예수님께서 부활하신 후에 꽁꽁 문을 걸어 잠갔음에도 들어오셔서 믿지 않은 제자들에게 못자국이 난 손을 보이신 것과 맥을 같이한다고 믿어집니다. 특별한 표식이 있는 솔로몬의 손이 의미하는 것의 암시, 성령께서는 천 년의 간극을 넘어 솔로몬의 마음을 영으로 움직이셨고 우리 주님의 십자가 고난을 예언케 하신 것이라 믿습니다.

내가 나의 사랑하는 이에게 문을 열어 주려고 일어나니
내 손에서는 몰약이 떨어지고
내 손가락에서는 향기로운 몰약이 문손잡이 위에 떨어지는도다.
내가 나의 사랑하는 이에게 문을 열었으나
나의 사랑하는 이는 물러나서 가 버렸도다.
그가 말했을 때 나의 혼은 낙망하였도다.
내가 그를 찾았으나 발견할 수 없었고,
내가 그를 불렀으나 그는 내게 응답하지 않았도다. - 5, 6

보십시오. 술람미의 손가락에 몰약이 뚝뚝 떨어지고 있지 않습니까? 이미 몰약으로 예수님의 시신을 방부 처리했던 주님이셨기에 술람미의 문구멍으로 손을 디밀었던 것만으로도 몰약 향기가 풍기고 손가락에 몰약이 뚝뚝 듣지 않습니까? 주님의 역사를 예언하는 것이 아니었다면 잠자리에서 부스스 일어난 술람미의 손에 그처럼 몰약이 많이 묻었을 리가 없는 것이지요. 그 손이 오직 부활하신 주님의 손이었음을 반증하는 것이라 믿습니다.

오, 주님!

주께서는 단념하시고 돌아가셨습니다. 아직 주님을 모셔 들일 때가 안 되었던 것입니다. 이는 우리 주님께서 이 땅에 오시기 전, 고난을 통해 구원의 문을 활짝 여시기 전, 이스라엘 사람들의 영적 상태를 의미하는 것이라 믿습니다. 율법에 의거하여 반복해서 소와 양을 잡아 제사를 지내지만 형식만 있을 뿐 진정한 제사가 되지 못했다는 것, 그래서 하나님이 그것들에 기뻐하실 수 없고 교제가 일어날 수도 없는 상태였다는 의미를 내포하는 것이라 믿습니다. 정녕, 찾아도 만나 주실 수 없고 불러도 응답해 주실 수 없으셨습니다.

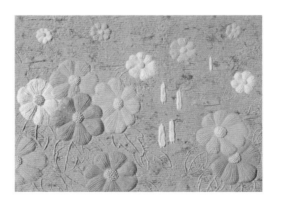

성읍을 돌아다니는 파수꾼들이 나를 발견하더니
나를 쳐서 상처를 입혔으며 성벽을 지키는 자들은
내게서 나의 너울을 빼앗아 갔도다. - 7

보십시오. 술람미가 임을 찾아 무작정 돌아다니다가 파수꾼
에게 흠씬 두들겨 맞고 너울까지 빼앗겼다 하지 않습니까? 파
수꾼들은 종교지도자들을 지칭할 것입니다. 주님께서 그토록
책망을 많이 하셨던 그들은 정녕 '회칠한 무덤이라 겉만 화려
하고 안에는 주검의 악취가 나는' 자들이었습니다. 성벽을 지
키는 자들, 야경꾼들은 서기관과 바리새인들, 곧 율법주의자들
을 일컫는 것이고요. 백성을 돌보라고 제사장직을 주셨건만 구
도자, 술람미 같은 이들을 쳐서 상처를 입히는 자들입니다. 그
들은 많은 예언자들을 억압했고 죽였습니다. 바리새인들이 열
성은 있었으나 수치를 가리는(영적인 의미의) 너울을 빼앗았습
니다. 우리 주님마저 십자가에 못 박은 자들 아닙니까?

하나님께서는 그런 그들과 함께하실 수 없으셨고 복을 내리
실 수가 없으셨습니다. 그래서 그들은 치욕의 역사를 오래 이
어 가고 있었습니다. 이스라엘이 아시리아에 패망하여 속국이
되고, 얼마 후 유다가 바벨론에 멸망하여 국민들이 대거 포로
로 잡혀갔으며, 마침내 로마의 식민지가 되어 버렸습니다.

이스라엘 술람미가 주님을 찾긴 찾았지만 제 갈 길을 몰라
이리저리 방황하다가 곤경에 빠졌습니다. 그때는 밤, 진정 주
님을 만나기 전 술람미는 어둠 속에 있었습니다. 어둠의 세력

이 득세한 시절이었습니다. 너울마저 뺏기고 주님을 만날 수 없는 상태가 되어 울 수밖에 없는 상황이 되었습니다.

오 예루살렘의 딸들아, 내가 너희에게 부탁하노니
너희가 나의 사랑하는 이를 만나거든
너희는 내가 사랑으로 병이 났다고 그에게 말해다오. - 8

상사병이 나 버린 술람미, 그녀는 자력으로 주님을 만날 수 없어서 다른 이들에게 임을 찾아 달라 애원하고 있습니다. 그러나 예루살렘의 딸들이 그의 사랑하는 임을 어떻게 찾아 줄 수 있습니까? 주께서 그녀를 찾아오셔야만 합니다. 주의 성령께서 오셔야만 합니다.

> 울어도 못하네 눈물 많이 흘려도 겁을 없게 못하고
> 죄를 씻지 못하니 울어도 못하네
> 십자가에 달려서 예수고난 당했네
> 나를 구원하실 이 예수밖에 없네.(찬송가 544)

지금 주님은 우리들 각자에게 오셨습니다. 내 안에 오셔서 나의 몸은 거룩한 처소, 성전이 되었습니다. 예수 그리스도의 영이신 성령님의 임재. 그 임재는 완벽해서 우리의 영혼과 몸 전체를 지배하고 계십니다. 때때로 말씀하시고 감동을 주시고 좋은 생각을 주시고 치료해 주십니다. 하지만 저는 때때로 임의 임재를 까맣게 잊고 마치 임이 안 계신 것처럼 행동하기도 합니다. 아침에 두세 시간 집중하여 기도와 묵상의 시간을 가진 후엔 일상의 생활로 주님을 잊고 지내는 시간들이 많습니다. 주님과의 보다 친밀한 교제를 소원하지만 임께서 저를 멀리하시는 것이 아니라 사실은 제가 보다 가까이 가지 못하고 있습니다. 인도하여 주십시오.

오 너 여자들 중에서 가장 어여쁜 자야,
네가 사랑하는 사람이
남이 사랑하는 사람보다 무엇이 더 나으냐?
네가 사랑하는 사람이
남이 사랑하는 사람보다 무엇이 더 나으냐?
무엇이 낫기에 우리에게 이같이 부탁하느냐? – 9

여자들 중에서 가장 어여쁜 자, 술람미가 왜 가장 어여쁠까요? 왕의 사랑을 받는 여자이므로? 왕과 연애하는 여자이므로? 그래서 품격이 여느 여인들과 다른 때문일까요? 이미 왕의 손길이 닿아 흠 하나 없이 되었고 몰약 향기가 뚝뚝 듣는 향기로운 여인이 되었기 때문일까요?

아닙니다. 그녀의 아름다움은 외양이 아니라 내면에 있는 것이었습니다. 그처럼 우리 그리스도인들이 세상 사람들보다 더 아름다운 것은 오로지 그리스도를 모셨고 하나님의 자녀가 되

115

었다는 사실에 있습니다. 그것은 숨겨져서 드러나지 않으나 마지막 날에 온전히 드러날 것입니다.

"그분 안에는 신격이 모든 충만함이 몸의 형태로 거하시나니 너희도 모든 정사와 권세의 머리이신 그의 안에서 온전하게 되느니라.(골 2:9, 10)"

우리 주님이 이 땅에 계실 때에 흠모할 만한 아무것이 없다 하였습니다. 자라나는 연한 새순 같다 하였습니다. 그러나 그 평범한 몸에 신격의 모든 충만함이 들어 있었습니다. 오늘 우리도 같습니다. 하지만 결국 우리의 이 몸은 영광스럽고 강하며 신령하고 영생하는 모습으로 변화될 것입니다. 그것을 주의 성령께서 이루실 것이라 말씀하고 있습니다. 아멘.

우리 임이 남보다 더 나은 점이 무어냐고 물어보네요. 두 번이나 반복해서 설명해 보라 하네요. 다른 연인들보다 더 나은 점, 그것을 다 설명하려면 끝도 없지요.

말씀이신 우리 주님은 모든 자 중에서 탁월한 시인이요, 아침저녁으로 멋지게 저녁 하늘을 물들이시는 화가요, 만물을 뜻하신 대로 다스리시는 왕 중의 왕이요, 마지막 때 모든 자를 그 행한 대로 갚으시는 심판자이십니다.

그러면서도 누구보다 나를 사랑해 주시는 분이시며 그러기에 모든 것을 의탁드릴 수 있는 분이시지요. 저는 그런 분을 임으로 모시고 있습니다. 때때로 임으로 인해 감격의 눈물을 흘리고 있습니다. 요즘은 그런 감동이 날마다 이어지고 있으니 얼마나 복이 있는지요?

나의 사랑하는 이는 희고도 붉어
일만 명 가운데 가장 뛰어난 자라. - 10

  희다는 것, 원어로는 '빛나다, 밝다'라는 뜻을 가졌다고 하는
데 그렇다 하여 희다(White)는 의미를 간과할 수는 없겠습니
다. 주님은 더없이 성결하신 분일 뿐 아니라 세상의 어둡고 사
악한 죄를 모두 없애시는 분이시니까요. 우리 주님을 모셔 들
이는 사람은 누구나 어둠과 절망으로부터 빛과 소망으로 나아
갑니다. 죽음을 생명으로 바꾸시는 분이십니다. 또한 빛나는
주님의 모습은 요한이 본 것과 일치합니다. "그 얼굴은 해가
힘 있게 비치는 것과 같다." 했습니다.

  그리고 우리 주님이 붉다(ruddy)는 것은 혈색이 좋아 불그스
레 상기된 얼굴로 이해합니다. 매우 건강한 이미지, 싱싱한 이
미지를 가지신 것이라 생각됩니다. 한때는 창백하게 죽음의 그

림자가 드리웠었지만 그 고난을 이기시고 부활하신 후에는 함께 생활하던 제자들도 알아보지 못할 정도로 변모되셨습니다. 그 모습이 얼마나 아름다웠으면 열한 제자들 모두가 주님을 못 알아보았을까요?

그래서 우리 주님은 모든 사람 가운데 가장 뛰어나셨습니다. 술람미는 그렇게 탁월하시고 멋지신 임을 자랑스레 설명하고 있습니다. 그의 설명은 계속됩니다.

그의 머리는 가장 좋은 정금 같고
그의 머리타래는 많아 까마귀처럼 검도다. - 11

머리가 정금 같다는 것, 외적인 이미지를 설명하는 것이 아니라 그 성격을 표현하고 있는 것으로 보입니다. 정금 같다는 것은 그분의 왕 되심을 의미하는 것이지요. 당연합니다.

그리고 머리카락은 윤기가 반지르르 흐르는 까만색이었다는데 우리 동양인들에게는 훨씬 친근감 있게 다가옵니다.

그의 눈은 강가의 비둘기의 눈처럼
젖으로 씻겨 알맞게 박혀 있도다. - 12

비둘기의 눈, 그것도 깨끗한 이미지를 더하기 위해 강가의 비둘기 눈이며, 더하여 우유로 씻은 듯하답니다. 우리는 비둘기의 이미지를 생각하며 흰 비둘기를 떠올려야 합니다. 여러 비둘기 중에서 가장 깨끗하고 순결해 보이는 이미지가 우리 주님의 특정 이미지를 설명하는 데 적합하기 때문입니다.

참고로 제가 2018년 정초에 온종일 성경 통독을 하면서 발견했던 이사야 65장의 말씀을 떠올리려 합니다.

"저 구름같이 비들기들이 그 보금 자리로 날아가는 것 같이 날아오는 자들이 누구냐?(사60:8)"

구름은 희게 빛나는 물체이고 그 구름과 병행하여 묘사된 비둘기들 역시 흰 비둘기여야만 하는 것이었습니다. 새 세계에서 흰 옷 입은 성도들이 무리를 지어 순간이동 하는 모습이 그처럼 겹쳐 설명되었던 것입니다. 수많은 성도들이 무리를 지어 날아가는 모습을 10~20km 멀리 떨어져서 보면 영락없이 구름 떼 같았을 것인데 그것을 이사야가 환상으로 보며 외쳤던 것입니다. 그것이야말로 술람미들에게 엄청난 비전입니다. 우리는 장차 그렇게 변화될 것입니다. 지금이야 땅에 발을 붙이고 살지만 그때에는 우리 주님처럼 영광스럽고 강하며 신령한 몸으로 변화될 것입니다. 꼭 그렇게 될 것입니다. 우리 주님께서 신부 된 우리를 당신과 같게 만드실 것입니다. 아멘.

그의 뺨은 향나무밭 같으며 향기로운 꽃 같고,
그의 입술은 향기로운 몰약을 떨어뜨리는 백합꽃 같도다. - 13

뺨에서 향기가 나는군요. 특별합니다. 향나무들이 쫙 펼쳐진
밭 같은, 그리고 꽃들이 흐드러지게 무리를 지어 핀 꽃밭에 주
님의 뺨을 비유하고 있습니다. 역시 불그스레 상기된 얼굴입니
다. 볼이 붉은 청년, 볼이 붉은 아이라는 표현들을 문학 서적에
서 가끔 접했던 기억이 있습니다.

그런데 주님의 입술에서는 몰약을 뚝뚝 흘리고 있는 백합화
에 비유했습니다. 우리 주님의 입술은 다디단 말씀, 진리의 말
씀이 흘러나오는 입술이니 향기로울 수밖에…, 아니 향기 정도
로는 부족하지요. 저 갈릴리 호숫가에서 수많은 군중들이 우리
주님의 입술을 허기지는 줄도 모르고 쳐다보았던, 그 입술에서
흘러나오는 말씀들이 얼마나 달고 오묘했으면 그리했겠습니까?

주의 말씀은 내 발에 등이요, 내 길에 빛이옵니다.
주의 입의 법이 내게는 천천 금은보다 좋으니이다.(시 119:72)
주의 말씀의 맛이 내게 어찌 그리 단지요.
내 입에 꿀보다 더 다니이다.(시 1119:103)

그의 손은 녹보석이 박힌 금 고리들 같으며,
그의 배는 사파이어들로 입힌 빛나는 상아 같도다. - 14

녹보석이 박힌 금 고리들 같은 손, 신기하기 이를 데 없는 만능의 손, 그 손은 가히 예술입니다. 금 고리 같다고만 해도 대단한데 거기에 녹보석이 박혔답니다. 그 보석은 녹주석이나 에메랄드를 일컬은 것이겠지요. 손등의 손가락이 시작되는 네 군데의 돌출 부위를 자세히 보니 최고의 경외감을 얹어 본다면 그 하나하나가 빛나는 보석으로 보일 수 있겠다 생각됩니다. 금은 늘 왕을 상징하는데 주님의 손을 금 고리로 비유한 것 또한 적절하고 탁월합니다.

임의 손은 능력의 손이지요. 그 어떤 병자도 주께서 손을 얹으시면 치유됩니다. 그 스토리가 복음서에 가득하지요. 참으로 멋지고 대단하신 임이십니다.

주님께서는 진흙을 침으로 개어 소경의 눈에 발라 주신 적이 있습니다. 귀하고 귀하신 손으로 그리하셨지요. 또한 주님께서는 나인성 과부의 아들이 죽어 사람들이 메고 가는 상여를 멈추게 하신 후 손을 얹어 즉시로 청년을 살리시는 기적을 행하셨습니다. 양손에 빵을 들어 하늘을 우러러 감사기도를 드리신 후 이를 군중들에게 떼어 주었을 때 남자만 오천 명이 배불리 먹고 남는 기적을 일으키기도 하셨습니다.

그뿐만 아니라 믿음의 사람들에게 "너희가 내 이름으로 병든 자에게 손을 얹으면 나으리라."는 약속을 주셨습니다. 그 말씀대로 베드로는 나면서부터 앉은뱅이가 되어 구걸하는 사람을 손잡아 일으켜 걷고 뛰게 했습니다. 바울도 그 같은 기적을 많이 행했으며 그 외의 많은 제자들의 사역에서도 비슷한 일이 일어났습니다.

다 임께서 우리와 함께하시기 때문입니다. 오늘도 그 같은 일이 일어나고 있는데 저의 경우에도 많은 경험이 있습니다. 이유를 알 수 없게 배가 차서 그 어떤 처방으로도 되지 않았는데 두 손으로 복부 마찰을 매일 아침에 100~150회 했더니 괜찮아져서 지금도 6년째 날마다 그리하고 있습니다. 오래전 눈이 충혈되고 안압으로 인한 통증이 심해 이 병원 저 병원을 다녀도 아무런 도움이 되지 않았습니다. '안정피로'였습니다. 단어를 보면 병 같지도 않지만 본인은 고통스러워 그림을 제대로 그릴 수조차 없는 지경이었습니다. 그때 주께서 지혜를 주셨고 눈 주위를 꾹꾹 눌러 주는 지압을 매일 한 차례씩 했습니다. 그랬더니 눈이 맑아지고 건조했던 안구도 늘 눈물이 촉촉하게 적셔 주는 정상 상태가 되었습니다. 주님의 손은 만능의 손입니다. 저 역시 주님의 이름으로 여러 질환들을 잘 다스려 왔으니 감사하기 이를 데 없습니다. 요즘 사십 년 가까이 저를 괴롭혔던 만성비염도 치료되었고 변비도 완전 정복되었습니다. 할렐루야!

오, 사랑하는 임이여!

술람미의 시선이 배로 내려왔습니다. 주님의 배가 사파이어를 입힌 빛나는 상아 같다고 했습니다. 코끼리의 어금니인 상아는 매우 단단하여 장식품으로 가공하는 물건이지요. 그처럼 우리 임의 배는 힘 있고 견고하며 귀하다는 뜻이라 믿어집니다.

화살도 튕겨 낼 수 있는 주님의 견고한 배, 그 배가 허리로 이어지는데 배와 허리가 인체의 중심이므로 주께서 만물의 질서를 힘 있게 붙드시는 것으로 연관 지어 생각해도 좋겠습니다. 그처럼 강한 이미지에 사파이어까지 입혔으니 찬란히 빛나는 것이겠지요. 상징성을 가득 담은 표현입니다.

**그의 양다리는 정금 받침대 위에 세운 대리석 기둥 같으며,
그의 용모는 레바논 같고 백향목들처럼 수려하도다. – 15**

정금받침대 위에 대리석 기둥처럼 힘 있게 버티고 선 다리, 세계의 중심을 잡고 계시는 이미지에다 그 중심을 견고히 할 수 있는 다리를 가지셨으니 사람이 상상할 수 있는 것 이상입니다. 사도 요한은 많은 상징적 이미지로 된 예수님의 엄청난 위엄을 보고 기가 질려 까무러칠 지경이 되었습니다. 그가 본 주님의 발은 '풀무 불에 단련한 빛난 주석 같다' 했습니다. 이 아가서에서 묘사되는 주님의 이미지를 오늘 우리의 눈으로 본다면 어떨까요? 아마 요한처럼 될지도 모르겠습니다.

이어서 임의 전체적인 용모에 관해 언급하는데 레바논 같고 백향목들처럼 수려하다 했습니다. 당시에 레바논의 화려함은

이미 언급이 되었는데 다시 레바논에 비유되었습니다. 지금이야 레바논은 경상북도만 한 국토에 경제력도 보잘것없는, 국력이 변변치 못한 나라이지요. 하지만 그때엔 레바논의 화려함이 대단했나 봅니다.

또한 백향목은 레바논을 상징하는 나무로 레바논 국기의 중심부에 나무 한 그루를 세워 도안했을 정도입니다. 우리나라의 금강송에 비견될 수 있겠습니다. 하지만 주님의 멋지심을 비유하기로는 매우 부족하다 생각됩니다.

그의 입은 지극히 달콤하니,
참으로 그는 모든 것이 사랑스럽도다.
오 예루살렘의 딸들아, 나의 사랑하는
이는 이러하고 나의 친구는 이러하도다. - 16

마지막으로 언급되는 부분이 입인데 위에서 입술을 묵상할 때 상세히 언급했습니다. 여기서는 그 입이 달콤하고 사랑스럽다 표현하므로 조금 더 생각해 보겠습니다. 주님의 말씀이 꿀송이보다 더 달다는 시편의 말씀을 한 번 더 되짚어 보게 합니다. 그만큼 주님의 입에서 흘러나오는 말씀들이 너무 소중하기에 반복되는 것이라 믿습니다. 당연합니다. 이 부족한 술람미 또한 날마다 그 말씀을 사모하며 묵상하고 묵상합니다. 오묘하기 이를 데 없고 그 깊이를 사람이 다 헤아릴 수 없습니다. 그 말씀을 품고 살면 생명이 있고 그 말씀을 소홀이 대하면 죽음이 있을 뿐입니다.

그래서 이 몸 늘 간구합니다.

말씀을 잘 깨닫게 하옵소서.

깨닫고 실천하여 열매를 맺게 하시옵소서.

아멘.

6장

오 너 여자들 중에 가장 어여쁜 자야,
너의 사랑하는 이가 어디로 갔느냐?
너의 사랑하는 이가 어디로 돌이켰느냐?
우리가 너와 함께 그를 찾아보리라. (합창단)
ㅡ
1

합창단도 '여인 중에서 가장 어여쁜 자'라는 공감이 일어났습니다. 그래서 술람미와 함께 신랑을 찾아 나서겠다고 자청하고 있습니다. 술람미도, 합창단 친구들도 모르는 신랑의 행방, 함께 찾는다면 도움이 될까요?

그에 대하여 긍정합니다. 어제 Rick Weren(Saddleback Church) 목사의 설교를 들었는데 단언하기를 소그룹별 모임을 통해 서로 도울 때 믿음의 성장이 일어난다면서 나 홀로 신앙생활로는 신앙 성장을 기대하기 어렵다 했습니다.

술람미가 임의 행방을 잃어버린 채 헤매고 있는 상황, 이는 오늘의 구도자들인 성도들이 주님과의 교제를 원하지만 어떻게 해야 하는지 그 방법을 잘 몰라 애태우는 것과 같습니다.

릭 워렌은 성도 간에 서로 사랑하며, 서로 나누며, 서로 도우며, 서로 격려하는 것을 통해 주님을 더욱 풍성하게 느끼고 경험할 수 있으며 이를 통해 빠른 신앙 성장을 할 수 있다는 것이지요. 동감합니다. 그런 점에서 오늘 자꾸 시들해지는 구역 예배를 통한 교제가 활성화되어야 한다고 믿습니다. 다행이 제가 구역장으로 있는 이 소그룹을 통해 많은 좋은 것을 나눌 수 있어 감사한 마음입니다.

나의 사랑하는 이는 그의 동산으로 내려가 향나무밭에 이르러 동산들에서 양떼를 먹이고 백합꽃을 거두는도다. - 2

성령의 인도하심이 술람미에게 임한 듯 보입니다. 그의 마음에 감이 오고 방향이 잡힌 것입니다. 임께서 향나무밭이 있는 동산에 계신다는 것을 마음으로 그리고 있습니다. 이 예상은 적중했습니다. 조금 후에 솔로몬이 "골짜기의 열매들을 보려고, 또 포도 넝쿨이 무성한지 석류나무가 싹이 났는지 보려고 호두나무 동산으로 내려갔다." 말하고 있습니다. 술람미가 말한 향나무밭과 솔로몬이 말한 호두 동산은 같은 동산으로 판단됩니다. 큰 동산에 포도나무, 석류나무, 호두나무, 향나무 등이 다양하게 심겨 있었던 것입니다.

술람미는 스스로 임께 가까이 갈 수 없습니다. 주님의 영, 성령께서 이끌어 주셔야만 합니다. 아가서에서 영, 곧 성령이 언급된 대목이 있습니다. 술람미가 처음 신랑을 찾아 나섰을 때 파수꾼을 지나치자말자 영의 인도를 따라 임의 옷자락을 붙들고 어머니의 방으로 갔다 말한 것입니다. 그것이 실제적인 것인지, 영을 따라 환상으로 된 것인지 좀 애매한 데가 있긴 합니다.

아무튼 술람미는 방향을 제대로 잡을 수 있었고 신랑과 일치

된 목적지를 향해 나아갔습니다. 제가 오늘 이만큼 가까이서 임을 느끼고 임의 음성을 들을 수 있음도 다 성령의 이끄심 덕 분임을 잊지 않습니다. 우리가 연약하여 할 수 없는 것을 하나 님께서 보시고 우리가 육신을 따르지 않고 그 영을 따라 행하 도록(롬 8:3, 4 참조) 하신 것입니다.

술람미의 임, 곧 우리 임은 그 향나무밭에서 양 떼를 먹이는 데 이는 그분이 우리의 목자이시기 때문일 것입니다. 그로 인 해 그리스도를 시사하는, 계시하는 의미로 본 아가서가 쓰여졌 음이 다시금 드러났습니다. 그리고 신랑은 "백합화를 거두시 는" 임으로 묘사되었습니다. 순결의 상징인 백합화, 술람미는 주님께서 그것을 꺾어 자신에게 주려는 것이라 생각했겠지요?

나는 나의 사랑하는 이의 것이요,
나의 사랑하는 이는 내 것이라.
그가 백합꽃들 가운데서 양떼를 먹이는도다. - 3

술람미는 확신하고 있습니다. 그래서 거푸 임께서 백합꽃들 가운데서 양 떼를 먹인다 말하고 있는 것입니다. 임은 양들의 목자가 되셨습니다. 선한 목자이신 당신, 우리를 푸른 풀밭 쉴 만한 물가로 인도하십니다. 당신의 힘 있는 막대기와 지팡이로 악한 자들을 다 쫓아내시고 원수들 앞에 잔칫상을 차려 주시는 분이십니다. 임께서 세세히 이끌어 주신 것들을 어찌 이루 다 말할 수 있겠습니까?

이제 술람미는 그곳, 양들이 있는 곳으로 나아가야 합니다. 이제까지는 홀로 있었는데 자신도 양 무리 중의 하나가 되어 주님의 인도를 잘 받아야만 합니다.

사실, 양은 단순한 비유일 뿐이었습니다. 우리는 그깟 양의 수준이 아니라 위대하신 그리스도의 신부들입니다. 인격적인 교제가 일어나고 사랑과 헌신이 있는 아름다운 관계입니다. 그래서 다시금 나는 당신의 것, 당신은 나의 것이란 고백을 하고 있는 것입니다.

오 나의 사랑아,
너는 티르사같이 아름답고 예루살렘같이 보기 좋으며
깃발들을 든 군대처럼 위엄이 있도다. - 4

이제 술람미는 더 이상 시골의 순박한 처녀에 머무르지 않습
니다. 에프라임 위 북쪽에 있는 아름다운 도성 티르사와, 예루
살렘에 비유되는 묵직함이 있고, 많은 깃발들을 든 군대의 위
엄 있는 모습으로 비견되었습니다. 실로 대단한 진전입니다.
술람미가 어떻게 그처럼 변화되었습니까?

그녀가 임을 만나지 못해 애를 애를 쓰며 구도자의 자세로
임을 찾으면서 내면으로 성숙하게 된 것이라 믿습니다. 티르사
를 품고 예루살렘을 품으며, 수많은 군사들을 거느린 장수처럼
훌륭한 자질을 갖추게 되었습니다. 그는 이제 언제 있을지 모르
는 원수들의 공격을 더 이상 두려워하지 않는 자가 되었습니다.

장차 우리 성도들이 "그 작은 자가 천을 이루겠고 그 약한
자가 강국을 이룰 것이라.(사60:22)" 하셨는데 권세를 가진 성
도의 예표로 이해됩니다. 이처럼 술람미의 위상을 높여 주신
우리 아버지 하나님과 주님께 감사와 찬양과 영광을 올려드립
니다.

오늘 저희들이 아버지 하나님의 자녀로 살아가는 것은 그처
럼 대단한 권세임을 고백합니다. 스스로 높아지는 것이 아니라
높이기도 하고 낮추기도 하시며, 귀하게도 하시고 천하게도 하
시는 권능의 아버지가 뜻하신 대로 되는 것입니다. 따라서 아

버지와 주님께서 우리를 그토록 높여 주셨으니 아무도 끌어내릴 수 없습니다. 원수들은 우리들 앞에 먼지요, 진흙에 불과합니다. 왕 중의 왕이신 그리스도께서 눈동자처럼 우리를 지켜 주시니까요.

너의 눈이 나를 압도하니,
그 눈을 내게서 돌이켜다오.
너의 머리는 길르앗에서 나타난 염소떼 같고 - 5

술람미의 눈빛이 너무 강렬했던 것일까요? 사랑하는 임의 마음을 한 번의 눈빛으로 압도했다는 것, 그만한 흡인력, 매력을 가진 술람미, 그래서 임께서는 반어법으로 말씀하십니다. "그 눈을 나에게서 돌이켜다오." 술람미와 눈을 계속해서 마주치고 있으면 자신의 마음을 제대로 컨트롤하기 어렵다는 것입니다.

우리 임은 그처럼 사랑에 약하십니다. 너무 순수해서, 너무 순결해서 상대방을 위해 모든 것을 내어 주지 않으면 안 되는... 그래서 주님은 당신의 몸을 우리들, 곧 술람미를 위해 제물로 내어 주셨습니다. 당신의 모든 것을 주신 것입니다. 십자가가 한없는 당신 사랑의 가장 확실한 상징입니다. 그 사랑에 저 또한 저의 모든 것을 맡겨드립니다. "마음을 다하고 목숨을 다하여, 힘을 다하고 뜻을 다하여" 당신을 사랑하겠습니다.

너의 이는 씻는 곳에서 올라온 양떼 같으니,
그 중에는 새끼를 낳지 못하는 것이 하나도 없고
각기 쌍둥이를 낳은 것 같도다.
네 뺨은 네 머리타래 안에서 석류 한 쪽 같도다. - 6, 7

술람미의 외모를 묘사한 것은 전전 장에서 이미 상세히 묵상
하고 넘어왔습니다. 다시금 반복해도 아쉬운 신부의 아름다움,
그래서 신부의 외모를 또 칭찬하시는 것이라 생각됩니다.

그런데 '이'에 대한 4장의 묘사와 다른 것이 있군요. 4장에
서는 '털 깎인 양'이었는데 여기에서는 목욕터에서 올라온 양
떼 같다 했으니 눈부시도록 흰 모습일 것입니다. 더러운 것을
말끔히 씻어 버리고 순결하게 된 목욕한 양의 상태, 이빨이 가
지런히 박혀 있는 모습은 양들이 각기 쌍둥이를 낳은 것 같다
합니다. 성도가 성도를 낳는, 즉 생명이 생명을 낳는 것으로 묵
상할 수 있겠습니다. 일관되게 성결과 열매를 강조하시는 주님
의 마음을 읽습니다.

우리 삶의 열매에서 가장 소중한 것은 생명의 열매를 맺는
것이지요. 저는 1남 1녀를 두고 있어서 늘 감사드리고 있습니
다. 우리 부부의 인생에서 자녀들보다 귀한 열매는 없습니다.
그렇게 생명이 생명을 낳아 번성해 가는 모습은 참으로 아름답
고 선한 것이며 임의 축복으로 되는 것이라 믿습니다.

그처럼 우리 그리스도인의 삶에 영적인 열매들이 많아야 하겠
습니다. 저의 미술 사역도 생명을 낳는 것에 초점이 맞추어져 있

습니다. 제가 늘 나의 포도나무이신 우리 주님을 의지하며 함께 살고 있으니 앞으로도 많은 열매가 있으리라 기대합니다. 아멘.

왕후가 육십이요 후궁이 팔십이요 처녀들은 셀 수도 없으나
나의 비둘기, 나의 더럽혀지지 않은 이는 오직 하나요,
그녀는 그 어머니의 외동딸이며
그녀를 낳은 어머니의 귀한 사람이라.
딸들이 그녀를 보고 그녀를 축복하니,
정녕, 왕후들과 후궁들과 그들이 그녀를 칭찬하는도다. - 8, 9

　　솔로몬의 여성편력이 얼마나 대단한지는 역사서에 다 나와 있습니다. 그 사람은 여인에 대한 탐욕을 절제하지 못하여 그 때문에 판단이 흐려졌고 나라를 두 동강 내는 원인이 되었습니다. 우상숭배를 하는 여인도 끌어들였으니 결코 있어서는 안

될 일이었습니다. 그런 전력이 있기에 왕후가 육십이요, 후궁이 팔십이라는 가정어법이 나왔을 것입니다.

저는 그런 그가 쓴 글이라 잠언, 전도서, 아가서를 모두 소홀히 했었습니다. 하지만 이 아가서야말로 여인에 대한 솔로몬의 섬세한 감성이 없고서는 쓸 수 없는 글입니다. 저 또한 아내와의 뜨거운 사랑의 경험이 있었기에 이 글을 이해하는 데 큰 도움이 된다 생각하고 있습니다.

임께서는 솔로몬의 부정적인 면이 있음에도 그를 사용하셨습니다. 그래서 오늘 제가 임께 나아가는 데 소중한 도움을 주고 있음이 다행스럽습니다. 이 아가서는 분명 성령의 인도하심으로 쓰인 대단한 연서입니다.

아침처럼 비추고 달처럼 고우며
해처럼 맑고 깃발들을 든 군대처럼
위엄이 있는 여자는 누구인가? – 10

본 장 4절에 이어 다시금 술람미의 대단한 모습에 찬사를 보내고 있습니다. 보다 진전된 개념입니다. 찬란히 빛나는 아침의 햇빛 같은 술람미, 달처럼 고운(아름다운, 공정한) 술람미. 그녀는 천체에 비유되고 있습니다. 4절에서 성과 예루살렘에 비유되었던 것보다 대단히 진전된 개념입니다. 그리고 깃발들을 든 군대는 4절과 겹쳐져 표현되었습니다.

더 이상의 찬사는 있을 수 없겠지요. 그것도 신랑이 신부를 칭송하는 것으로.... 그날에 우리 성도들은 최상, 최선의 모습으로 변할 것입니다. 우리 스스로 변화하는 것이 아니라 임께서 우리를 아름답고 대단한 존재로 변화시켜 주실 것입니다. 그 비전을 생각하며 이 몸 성령 안에서 행복합니다. 임이 재림하시는 날 다 이루어질 것입니다. 속히 오시옵소서. 이제 얼마 남지 않았습니다. 어젯밤 뉴스에서 충격적인 영상을 보았는데 남극의 기온이 섭씨 20도까지 올라가 거대한 얼음덩어리들이 무너져 내리는 모습이었습니다. 지구온난화가 가속화되고 있습니다. 말세의 여러 징조 중 하나일 뿐입니다.

임 만나 뵐 날이 얼마 안 남았습니다. 만물의 마지막이 가까웠습니다. 어서 오십시오. 어서 오셔서 아버지 하나님의 뜻을 하늘에서처럼 이 땅에 다 이루십시오.

내가 골짜기의 열매들을 보려고,
또 포도 넝쿨이 무성한지 석류나무가 싹이 났는지 보려고
호두나무 동산으로 내려갔도다. – 11

술람미와 임의 마음은 서로의 텔레파시가 작동하여 일치 상태가 되었고 결국 둘은 호두나무 동산으로 갔습니다. 그곳에 먼저 당도하신 임께서는 동산을 살피십니다. 얼마나 열매가 튼실한지를 점검하시는데 아직 때가 되지 않은 듯합니다.(버전별로 시기에 차이가 있습니다.) 그래서 임은 포도 넝쿨이 무성한 가의 여부, 석류나무에 싹이 났는지의 여부를 살피십니다.

**내가 지금까지 알았던가,
내 혼이 나를 암미나답의 병거들같이 만들었도다. – 12**

'내가 지금까지 알았던가' 이를 여러 버전들이 '나도 모르게, 부지중에'로 번역하고 있는데 합리적이라 봅니다. 부지중에 마음이 이끌려 암미나답의 병거에 올라탔다는 것이지요. 자신의 병거가 아니라 다른 이의 병거, 즉 즉흥적으로 술람미가 있을 만한 동산으로 가게 되어 왕의 권한으로 주인의 허락도 없이 어떤 병거에 올라탄 것입니다. 그만큼 임께서는 술람미를 사랑하셨고 감정의 이끌림을 따라 행동하셨습니다.

사랑은 그런 것이지요. 합리성을 따져 행동하는 것이 아니라 감성을 따라 움직이는 것입니다. 우리 주님도 그러시다니 놀랍습니다. 천리안을 가지신 분인데, 만물을 깊은 경륜으로 다스리시는 분인데….

그러나 우리를 사랑하시는 데에는 때때로 이성과 율법을 초월하십니다. 광야 시절, 매우 노하시어 이스라엘 백성들과 함께 가지 않겠다고 하셨습니다. 그러나 모세의 읍소를 보시고 노여움을 푸셔서 결심을 되돌리셨습니다. 바람난 부정한 여인 같은 이스라엘을 다시 찾아오시는 분이십니다.(호세아서 참조)

지금도 그 백성들은 고집이 세어 우리 주님을 영접하지 않고 있지만 언젠가는 그들이 돌아올 것이라 했습니다. 바울 사도의 예언이었지요.

아가서에는 그처럼 사랑이 모든 것에 우선합니다. 그래서 사도 요한은 한 서신에서 "하나님은 사랑이라" 단정적으로 말했습니다. 그러므로 저는 고린도인들에게 보낸 둘째 서신에서 장차 우리의 엄청난 변화에 대한 예언의 말씀을 믿습니다.

"우리가 다 수건을 벗은 얼굴로 거울을 보는 것같이 주의 영광을 보매 <u>그와 같은 형상으로 변화하여 (trasform into his same image:niv)</u>영광에서 영광에 이르니 곧 주의 영으로 말미암음이라.(고후 3:18)"

아멘.

돌아오라. 돌아오라.
오 술렘 여인아. 돌아오라. 돌아오라. 우리가 너를 보리라.
너희는 술렘 여인에게서 무엇을 보려느냐?
그것은 마치 두 군대를 합친 것 같도다. - 13*

임께서는 술람미를 애타게 찾고 있습니다. 지금 둘의 마음이
점점 거리를 좁혀 가고 있는데 아마도 기다림의 막바지인 듯합
니다. 둘은 다 석류나무, 포도나무, 호두나무가 있는 동산을 향
하고 있습니다.

보소서. 임께서는 동산으로 올라가는 것이 아니라 내려간다
고 말씀하셨습니다. 그처럼 임께서는 하늘 보좌를 떠나 낮고
천한 이 땅으로 내려오셨었습니다. 내려간다는 말씀은 임의 그
엄청난 비하를 시사하고 있습니다. 우리가 하늘나라로 올라갈
수 없기에 스스로 낮추셔서 이 땅으로 오셨고 그것도 가장 가
난한 자의 모습으로 오셨습니다. '강보에 싸인 아기' 그것이 임
의 표식이었습니다.

여기서 술람미는 두 군대를 합친 것 같다 합니다. 두 줄로
돌아가는 윤무로도 번역될 수 있는데 많은 무리 중에서 술람미
가 춤을 추는 것이라 이해하는 시각이 있군요. 한글킹제임스는
두 군대를 합친 것 같다 했으니 앞서의 언급을 유지하려는 것
같습니다. 즉"티르사 같고 예루살렘 같으며 깃발들을 든 군대
처럼" 위엄 있는 여인의 모습을 이어 가려는 것처럼 보입니다.
사실, 그처럼 대단한 술람미가 수많은 여인들과 함께 민속적인

춤을 추고 있다는 것은 좀 무리스러운 데가 있습니다.

*술람미와 솔로몬은 공히 샬롬의 의미를 가지는데 솔로몬은 능동적
인 데 비해 술람미는 수동적 의미를 가지고 있다. 따라서 솔로몬은
스스로 평화를 가지고 있으면서 다른 사람에게 평화를 줄 수 있고,
술람미는 평화를 받아들여 이를 누린다는 의미를 가지고 있다.

7장

오 통치자의 딸아,
신을 신은 네 발이
어찌 그리 아름다운가!
네 넓적다리의 마디는
기술자의 손으로 만든 보석들 같도다.
—
1

주님!

통치자의 딸(A prince's of daughter), 여기서 그 통치자는 하나님으로 이해하는 것이 좋으리라 생각되는군요. 왕자의 딸이라 한다면 이제까지 대등한 신랑 신부의 대화에서 크게 벗어나기 때문입니다. 술람미가 통치자, 제1인자, 군주, 지배자의 딸이라 불리고 있다는 것은 영광스럽기 이를 데 없는 것이지요. 오늘 우리는 그런 특권을 가지고 삽니다. 하나님의 자녀로 사는 특권은 너무나 엄청난 것입니다. 이것을 늘 제 자신에게 상기시켜서 자존감을 가지는 것이 매우 중요합니다.

어제, 참 받아들일 수 없는 찬송가를 연습하게 되었는데 "주님은 옳습니다"라는 제목의 찬송가입니다. 내용인즉, 수로보니게 여인의 고백을 중심으로 가사를 만든 것인데 '쓰고 남은 은혜라도 좋사오니 상에서 떨어지는 부스러기 은혜라도 주옵소서'라는 내용입니다. 그런데 성경에서 그 여인은 유대인들이 상종치 않는 이방 여인으로 주님께서 자녀에게 줄 떡을 개에게 던져 줄 수 없다고 하시면서 아주 비하하셨습니다.

오늘 우리는 주님의 존귀한 신부요, 주님의 벗으로 사는 지위를 은혜로 받았는데 그런 자존감을 알지 못하고 만든 고백이 아닐 수 없다 생각되었습니다. 바울 사도는 로마서에서 그 아들 예수 그리스도를 아끼지 않고 우리를 위하여 내어 주신 이가 모든 것을 은혜로 내려 주신다 하면서 믿음을 가지고 담대하게 구하라 권면하였던 것입니다. 겸손이 미덕이긴 하지만 쓰다 남은 부스러기 은혜라도 주시라는 읍소는 명백히 자녀의 자존감을 상실한 것입니다. 그런 고백은 십자가와 부활 후 만민제사장 시대를 사는 지금, 전혀 합당치 않은 것입니다.

저의 소신을 연습 중간에 말했지만 동조하는 이가 없었고 분란을 일으킬 수도 있어 더 어필할 수가 없었습니다. 유튜브를 검색해 보니 아뿔싸, 많은 교회 성가대가 이미 그 곡을 사용했음을 알고 더 놀라워했습니다. 믿음의 기도, 바른 고백이 있어야만 하는데….

임이여!

주님은 다시금 술람미의 외모를 주목하시면서 하나하나 최상의 칭찬을 이어 가십니다. 발끝부터 머리끝까지…. 왜 그렇게 귀하게 보실까 하는 것을 곰곰 생각해 보았습니다.

"우리의 형상을 따라 우리의 모양대로 우리가 사람을 만들자.(창 1:26 개역개정)"

"하나님이 자기 형상 곧 하나님의 형상대로 사람을 창조하시되 남자와 여자를 창조하시고(1:27 개역개정)"

위의 창조기사를 묵상할 때 성자이신 주님께서 성부와 성령님과 함께 하셨음을 알 수 있습니다. 그 외에 만물이 주님으로 말미암고 주님으로 인해 존속하고 있다는 에베소서의 말씀 등을 참고할 때 주님의 협력에 확신을 더하게 됩니다.

따라서 사람을 지으신 위대한 창조자시요, 위대한 예술가이신 주님께서 그 만드신 것을 보며 만족해하시고 찬탄을 금치 못하신다는 것은 매우 합당합니다. 부족한 저도 미술 사역을 하면서 때때로 저의 작품에 만족감을 느낄 때가 있지요. 위대하신 창조자 주님께서는 모든 것을 지혜와 열정과 사랑을 다하여 만드셨습니다. 그중에서도 사람은 하나님의 형상을 닮도록 창조되었으니 얼마나 아름답고 귀합니까?

그러기에 주님께서는 하나님의 형상이 담긴 술람미의 각 세부 모습을 보시면서 찬사를 보내고 계십니다. 장차 우리가 주님과 똑같은 모습으로 변화될 것이라 하셨는데(고후 3:18) 부활 후 제자들에게 나타나셨던 모습을 상기하면 변화된 우리들의 모습 또한 그와 같을 것이라 생각합니다.

그러므로 한없이 위대하고 아름답게 빛나는 모습을 목격했던 주님의 제자들은 그날을 더욱 사모하게 되었습니다. 따라서 장차 성도의 변화될 기본 틀을 가진 오늘의 우리들 모습에 대한 자긍심을 가져야 하겠습니다. 현재의 모습은 그저 그렇지만 하나님의 형상, 예수님의 형상을 닮았다는 점에서 우리는 위대한 작품입니다.

본 절에서는 넓적다리(허벅지로도 번역)의 마디가 아름다운 보석 같다 하십니다. 일면 민망스럽다는 생각이 들기도 하지만 애당초 아담과 하와의 순수했던 마음을 생각하면 그 부분을 언급하신 의도가 이해됩니다. 성욕이 일체 배제된 때였으니까요. 서로의 벗은 몸을 보고도 별다른 감정을 느끼지 않았으니까요. 성욕은 선과 악의 대별되는 세계에 눈이 열린 범죄의 결과였던 것입니다. 그러므로 묵상자들은 무슨 '농염한 성애의 자유로운 표현' 운운해서는 결코 안 될 것입니다.

임께서는 당신이 만드신 아름다운 술람미의 모습을 옷을 입히지 않은 상태로 관찰하고 계십니다. 그래야만 당신 창조물의 아름다움을 제대로 살필 수 있기 때문입니다.

네 배꼽은 술 담은 둥근 잔 같고
네 배는 백합꽃들로 두른 밀 무더기 같으며
네 두 가슴은 어린 두 마리 쌍둥이 노루 같구나. - 2, 3

저는 한때 모델을 앞에 두고 누드화를 세밀하게 그려 보았기에 위의 표현들이 다 이해가 되고 동의가 됩니다. 창조주의 시각, 순수의 시각, 사랑의 시각으로 여인을 보면 그런 시어가 나올 수 있겠지요.

배꼽은 술이 찰랑이는 둥근 술잔 같다는 것, 배꼽은 움푹 들어갔고 그 아래는 불룩한데 화가는 그런 부분을 놓치지 않아야 합니다. 젖가슴에서 높이 솟아올랐다가 횡격막 밑으로 뚝 떨어지고 다시 배꼽에 이를 때까지 조금 솟아오르는데 배꼽 부분에서 우묵 들어갔다가 다시 둔덕처럼 불룩 솟아오르는 곡선, 전면에서 보면 위에서 아래로 중앙이 약간 들어가 좌우를 나눈 듯 보이는데 모든 것이 부드러운 선으로 흐릅니다. 측면에서는 곡선이 두드러지게 나타나지만 전면에서 잡으면 미세하게 명암을 잘 처리해 주어야만 하지요.

그런데 그 배가 불룩한 것이 백합꽃들로 밀단을 두른 것 같다 했으니 얼마나 풍성한 표현입니까? 백합꽃은 향기로운 하얀 꽃인데 이는 배의 흰 살결을 의미하는 것이나 백합으로 두를 수 없으니 "백합꽃으로 밀단을 두른 것 같구나." 하였던 것입니다.

가슴에 관해서는 한 번 묵상했지만 저처럼 남성의 경우, 젖꼭지만 있지 밋밋하므로 영적인 이해가 편합니다. 즉 어린 두 마리 쌍둥이 노루보다 훨씬 아름다운 내면, 즉 믿음과 헌신을 쌓아 올린 저의 가슴을 주께 드려야만 하겠습니다. 이를 에베소서에서 바울은 정의로 가슴무장(공동번역, 개역개정은 의의 흉배)을 하라 권면하고 있기도 합니다.

네 목은 상아 망대 같고
네 눈은 바드랍빔 성문 곁에 있는 헤스본의 고기 연못 같으며
네 코는 다마스커스를 향해 보는 레바논의 망대 같도다. – 4

전 장에서는 목이 다윗의 망대 같다 했는데 여기서는 상아 망대로 비유되었습니다. 다윗의 망대는 대단한 규모와 견고함

에 초점을 맞춘 데 비해 상아 망대는 견고함에 더하여 빛나는 아름다움에 초점을 주었습니다. 코는 여기서 처음 언급되고 있는데 다마스쿠스를 바라보는 레바논의 망대로 비유되었습니다.

화려했던 레바논의 망대라면 건축미를 고려해서 지어졌겠지요. 망대는 한 곳을 응시하도록 되었을 것인데 술람미의 코가 한 곳을 바라보았다면 필시 임이 계시는 곳을 향했겠지요. 일념으로 사모하는 임을 앙망했던 술람미, 그리고 오늘의 우리들, 다른 곳을 쳐다볼 겨를이 없습니다. 오직 생명의 주님을 바라볼 뿐입니다.

"네 눈은 바드랍빔 성문 곁에 있는 헤스본의 고기 연못 같으며"
헤스본은 광야 시절 초기에 이스라엘 군사들이 아모리 왕 시혼을 물리치고 큰 승리를 거둔 곳으로 유대인들에게 매우 의미

있는 곳입니다.(민 21) 술람미의 눈을 그곳의 연못으로 비유했습니다. 푸르고 맑을 것이란 짐작이 갑니다. 또한 술람미의 눈이 그처럼 그윽하고 깊이 있다는 느낌을 받습니다. 흰 비둘기의 눈보다 한층 성숙한 신부의 모습입니다. 푸른 연못 같은 눈빛은 내면의 깊이 있고 순결한 정신성을 품고 있다 할 것입니다.

이와 관련하여 임께서 나다나엘이 다가오는 것을 보시고 **"보라, 이는 참으로 이스라엘 사람이다. 그 속에 간사한 것이 없도다.(요 1:47)"** 말씀하신 적이 있습니다. 바로 그런 순수한 심성의 소유자가 가진 눈빛이 헤스본 연못 같다 할 수 있겠지요? 눈빛에 사가 있고 마가 있는 사람은 잡스러워서 가까이해서는 안 될 사람입니다. 저의 눈빛이 술람미의 그윽한 눈 같기를 바랍니다.

**네 위에 있는 머리는 칼멜 산 같고
네 머리의 머리카락은 자주빛 같으니,
왕이 그 흘러 넘친 것에 매여 있도다. – 5**

칼멜산(갈멜산 540m)을 가 보았는데 수목이 울창했으며 샤론과 이즈르엘 두 평원을 내려다보고 있었습니다. 술람미가 그처럼 풍성한 존재임을 시사합니다. 엘리야를 기념하는 조각상과 전망대가 있어 넓은 평야를 조망할 수 있었습니다. 엘리야는 솔로몬 이후의 사람이었지요.

"네 머리카락은 길르앗 산에서 나타나는 염소 떼 같구나" 하셨던 그 머리카락. 그때에 술람미는 야생미가 있었습니다. 이제는 다듬어지고 품위를 갖춘 모습, 긴 머리에 윤기가 흐르는 술람미의 머리카락을 보면서 우리 왕의 마음에 강한 이끌림이 왔습니다.

그렇지요. 저의 젊었을 적, 아가씨들의 치렁치렁한 머릿결은 제 마음을 많이 설레게 했습니다. 당시, 친구들과 이야기를 나누어 보면 저는 유난히 민감한 감성을 가졌던 것으로 판단됩니다. 그러나 지금에 와서 '순수했는가?'라는 질문을 던져 보면 긍정적인 답을 할 수가 없습니다. 그런 민감한 때를 지나 지금 칠십의 문턱에 들어섰습니다. 이젠 차분히 말씀의 거울 앞에 나를 비추며 나를 돌아봅니다. 장차 나를 영화롭고, 신령하고 의롭게 다듬어 주실 날을 더욱 소망합니다.

오 사랑아,
너는 어찌 그리 어여쁘고 아름다워 즐겁게 하는가! - 6

바라만 봐도 즐거운 술람미, 주님은 술람미를 안과 밖 모두 다듬으셨습니다. 처음 그녀는 거친 여인이었는데 아주 성숙한 내면을 지닌 왕의 신붓감이 되었습니다. 저 또한 그랬습니다. 젊을 때는 욕구 충족이 안 되어 세상에 대한 불만으로 가득 차 있었고 주님은 안중에도 없었습니다. 그런 저를 말씀과 채찍으로 다듬으셔서 오늘 아름다운 고백을 임께 올려드릴 수 있게 된 것을 감사드립니다. 이제는 주님과의 상봉을 기대하며 하루 하루 주 안에서의 생활을 이어 가고 있으니….

네 이 키는 종려나무 같고 네 가슴은 포도송이 같구나.
내가 말하기를 "내가 종려나무에 올라가
그 가지들을 잡으리라." 하였도다.
이제 네 가슴은 또한 포도송이같이 되고,
네 코의 향기는 사과같이 될 것이요. – 7, 8

가슴이 3절에서는 쌍둥이 노루 같다 했는데 여기서는 포도 송이 같다고 두 번 반복하고 있습니다. 귀엽고 윤기 나는 이미 지에서 풍성한 열매의 이미지로 전환되었는데 이후 포도주(9 절) 포도원 (12절) 등 포도가 계속해서 언급되고 있습니다. 열 매를 주목하시는 주님의 시각을 가슴에 다시금 새기게 하십니 다. 그날에 잎만 무성한 자가 아닌 열매를 튼실하게 맺는 술람 미로 임 앞에 서기를 바랍니다. 아멘.

곧게 자란 종려나무의 높은 키, 하지만 주안점은 역시 열매 입니다. 그래서 임은 그 열매를 따러 나무에 올라가 나뭇가지 를 휘어잡습니다. 그 열매는 너무 달아 그냥 먹기 힘들 정도인 데 젖과 꿀이 흐르는 가나안 땅이라 표현할 때 그 꿀이 종려나 무를 지칭하는 것이라 들었습니다.

코의 향기가 사과같이 될 것이라는 표현, 술람미의 내부가 다 향기로워 숨을 내쉴 때 향기가 난다는 것인가요? 그야말로 최상의 칭송이 아닐 수 없습니다. 그런데 그 향기가 현재형이 아니라 미래형입니다. 아직은 아니라는 것이지요? '아직'과 '이미'의 사이에 있는 술람미, 왜 그럴까요?

장차, 우리의 모습이 주님처럼 신령하고 영광스럽고 의롭게 되어 지금과 판이하게 변화된 후로 예정되었기 때문일까요? 저는 아멘입니다. 그때엔 우리 몸 전부가 향기로울 것입니다. 사실, 코로 신선한 공기를 들이마신 후 내쉴 때는 몸의 내부를 통과한 공기이므로 불순물이 들어 있는 공기입니다.

그러나 하늘나라에서는 다른 메커니즘이 있어서 우리의 몸 전부가 향기로울 것입니다. 배설물조차도 더럽거나 악취가 나지 않을 것입니다. 천국에서도 먹고 마시는 것이 있는데 그렇다면 배설이 필수이지요. 따라서 지금과 같은 상태가 유지되어서는 곤란하겠지요. 배설물로 천국이 오염될 수 있으니까요. 그러므로 당연히 현재와 다른 시스템이 작동되리라 믿습니다.

> **네 입천장은 나의 사랑하는 이를 위한**
> **가장 좋은 포도주 같아서 달콤하게 내려가**
> **잠든 자의 입술로 말하게 하는도다. - 9**

술람미의 입천장에서 포도주처럼 달콤한 것이 나온다는 것, 그래서 사랑하는 임을 깨우고 대화할 수 있게 된다는 것. 술람미의 모든 것이 향기와 더불어 달콤한 것을 만들어 내는가 봅니다.

우리의 입술이 복음을 전파하고 늘 주님을 찬양한다면, 저처럼 그림을 그리거나 글을 쓰는 것이 모두 주님의 아름답고 선하심을 증거하는 것이라면, 그렇다면 이는 포도주보다 달콤한 것을 생성해 내는 것이겠지요.

그렇지 않고 이를 연인들의 입맞춤으로 해석하거나 상상한다면 아가서의 영적 상징성, 즉 우리 주님과 성도들 간의 영적인 사랑을 전제한다는 것을 부정하게 됩니다.

나는 나의 사랑하는 이의 것이며
그의 사모함은 나를 향해 있도다. - 10

후렴처럼 짤막한 한 절이 들어갔습니다. 다시금 I in you,
You in me입니다.

나의 사랑하는 이여, 오소서.
우리가 들로 나가 촌락들에서 유숙하사이다. - 11

이 구절 역시 영적으로 이해하면 참으로 심각한 구절이 될
수밖에 없고 마땅히 그러해야 합니다. "우리"라는 단어, 아가서
에서 오랜만에 봅니다. 이제는 임과 하나 된 공동체적인 개념,
매우 진전되었습니다. 임의 손을 잡고 들판으로 나가는데 그것
은 광야가 아닌 푸른 초장, 푸른 벌판일 것입니다. 오곡이 풍성
하게 무르익어 가는 때, 그러나 이내 밤으로 들어갑니다. 세상
이 어둠 속으로 빠져들었고 촌락들은 잠들었습니다. 세상이 죄
악으로 캄캄한 상황, 어둠의 세력이 득세를 한 상황입니다.

그런 때에 술람미와 주님은 그 안으로 들어가 저네들을 깨워
일으켜야만 합니다. 주님과 함께 사역하는 술람미, 주님은 성령
으로 함께하셔서 우리 각자가 사역을 수행할 수 있도록 능력을
주십니다. 추수 때, 곧 만물의 마지막이 가까웠으므로 모두 깨어
있어야만 합니다. 모든 술람미는 등불 하나씩을 들고 임 맞이할

준비를 해야 하고요. 그러므로 우리가 촌락들에서 밤을 함께 보내야 한다는 **'유숙'**의 의미를 새로운 각도에서 조명합니다.

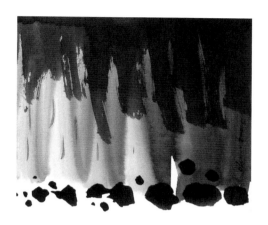

세상은 지금 심상치 않은 상황을 맞고 있습니다. 엄청난 기상이변, 심각한 전염병의 빈발, 사람들은 사납고 감각적이며 사랑이 식어 개인주의가 심화되고 물질만능주의의 일반화 등 말세의 징조들이 모두 나타나고 있습니다. 하지만 아직 이런 것들은 작은 신호일 뿐이지요. 앞으로 더욱 놀라운 일들이 벌어질 것입니다. 부족한 자, 어두운 세상을 더욱 힘 있게 비출 수 있도록 인도하여 주십시오.

우리가 일찍 일어나 포도원으로 가서 포도나무가 무성한지,
연한 포도가 나왔는지, 석류나무가 싹이 돋았는지 보사이다.
내가 거기서 당신에게 나의 사랑을 주리이다.

(I will give you my love, NIV) - 12

　마침내 술람미는 가장 강렬한 의미의 말을 주님께 드립니다.
나의 사랑을 드리겠다고…. 그 시점이 이른 아침이며 그 상황
이 포도나무와 석류나무가 이제 막 꽃을 피운 때입니다. 사랑
하는 주님께 나의 사랑을 드리겠답니다. 몸과 마음 다 바쳐 헌
신을 결단하는 술람미입니다.

　"천하기 이를 데 없는 나를 찾아오셔서 만나 주시고 사랑해
주시니 감사 찬양 존귀 영광 올립니다. 나를 보석보다 귀하게
여기시어 그 무엇보다 어여삐 여겨 주시니 영광스럽기 한이 없
습니다. 포도원지기를 왕후의 자리에 올려 주셨으니 술람미가
복되고 복됩니다.

　이제 내가 사는 것은 나를 사랑하시어 당신의 목숨을 아낌없이
내어 주신 나의 임을 믿는 믿음으로 사는 것입니다.(바울 갈2:20)

　나는 임께서 왕으로 나타나실 그날, 하늘이 불에 타서 풀어지
고 물질이 뜨거운 불에 녹아지는 그날까지 임의 약속대로 의가
있는 곳인 새 하늘 새 땅을 바라보겠습니다.(베드로 후 3:12, 13)

　비록 연약하여 여러 시험을 만날지라도 온전하여 흠 없게 하
시려는 임의 섭리로 알고 기쁘게 감당하겠습니다.(야고보 1:2, 3)

　임께서 나를 위해 목숨을 버리셨으니 나도 임을 위하여, 형

제들을 위하여 목숨을 버릴 각오를 하겠습니다.(요한1 3:16)

위에 열거한 네 사도들의 고백이 나의 고백입니다. 그들처럼 나도 모든 것 다하여 임을 사랑하겠습니다. 당신을 사랑하는 것이 나의 자랑이고 나의 분깃이기 때문입니다."

임이여, 사랑하는 임이여!

저 또한 백번 천번 술람미의 고백을 드립니다. 저뿐 아니라 아름다운 고백을 드리는 모든 성도들이 다 같은 술람미들인 것을 믿습니다. 우리의 결단, 우리의 헌신을 받아 주시리라 믿습니다. 그리하여 지금은 막 꽃을 피웠지만 포도송이, 석류송이 주렁주렁 열매 맺으면 그 또한 주님께 모두 드리겠습니다. 아멘.

> 자귀나무들이 향기를 발하고
> 우리의 성문들 앞에는 온갖 새로운 것과
> 오래된 아름다운 실과가 있으니,
> 오 나의 사랑하는 이여,
> 이것들은 내가 당신을 위하여 쌓아 놓은 것이니이다. - 13

그렇습니다. 술람미가 드린 헌신의 고백은 열매로 나타났습니다. 햇것과 묵은 것을 막론하고 실과를 많이 모아 놓았는데 모두 임께 드리겠다는 것입니다. 그처럼 우리는 잎만 무성하지 않고 열매를 맺어야 합니다.

"너희가 열매를 많이 맺으면 내 아버지께서 영광을 받으실

것이요, 너희는 내 제자가 되리라.(요 15:8)"

우리 스스로는 열매를 맺을 수 없다는 것이 주님의 가르침이
시지요. 가꾸시는 성부께서 계시니 우리는 그저 포도나무이신
주님께 붙어 있기만 하면 된다 하셨습니다. 할렐루야!

8장

오 당신이 내 어머니의 젖을 먹은 내 형제 같다면!
내가 밖에서 당신을 만날 때 당신에게 입맞추리니,
정녕 내가 멸시받지 아니할 것이요.
내가 당신을 인도하여 나를 가르친
내 어머니의 집에 들여서, 내 석류즙으로 만든
향기로운 술을 마시게 하였으리이다.
—

1, 2

생뚱맞게 주님이 오누이였으면 하는 상상, 그래서 어떤 거추장스러운 것도 없이 입을 맞추면 어떨까 하는 상상, 그것은 소녀적인 발상처럼 보입니다. 그러나 사랑은 사람을 그처럼 어린 아이로 만드는 속성이 있습니다. 그 술람미가 임에게 향기로운 술을 대접하고 싶어 하네요. 그것도 어머니의 집에 가서…. 앞에서 언급되었지만 어머니의 방, 곧 자신이 태어난 그 방은 순수의 방입니다. 티 없고 죄 없는 순수의 방에서 임의 품에 안기고 싶은 술람미입니다.

> **그의 왼손이 내 머리 아래 있을 것이요**
> **그의 오른손은 나를 껴안을 것이라. – 3**

하나 되기를 원하는 사랑, 사랑은 항상 일치를 향해 나아갑니다. 그처럼 우리도 주님과 하나 될 것입니다. 주님이 내 안에, 내 안에 주님이 계시는 일치의 신비, 우리의 목표, 우리의 즐거움, 우리의 소원은 하나입니다. **"아버지의 영광을 위하여"** 죽든지 살든지 아버지를 영화롭게 해드리기 위한 것이 한결같은 우리의 목표입니다. 예수님도 같은 소원을 가지셨습니다.

"아버지여, 때가 왔나이다. 아버지의 아들을 영화롭게 하셔서 아들로 아버지를 영화롭게 하게 하옵소서.(요 17:1)"

우리의 목표, 우리의 소원은 하늘나라에 가서도 변하지 않을 것입니다.

오 예루살렘의 딸들아, 내가 너희에게 부탁하노니,
그가 원하기까지는 내 사랑을 흔들지도 말고 깨우지도 말라. - 4

이 땅에 발을 붙이고 있으니 임의 품에 안겨 자는 것이 아직은 달콤한 꿈일까요? 아닐 것입니다. 그것은 단순히 꿈의 차원이 아닐 것입니다. 우리의 비전일 것입니다. 그 비전은 포기될 수 없고 사라져 버릴 수 없습니다. 그러기에 아무도 훼방해서는 안 됩니다. 그 비전은 주님께서 주신 거룩한 목표이고 반드시 이루어져야만 하기 때문입니다.

사랑하는 자에게 기대어 광야에서 올라오는 이 여인은 누구인가?
내가 너를 사과나무 아래서 일으켰도다.
거기서 네 어머니가 너를 낳았고,
너를 낳은 그 여인이 거기서 너를 낳았도다. - 5

주께서 술람미를 일으키신 사과나무 밑, 그 사과나무는 선악
과의 한 상징일 것입니다. 사과나무 밑에서 올려다본 열매들은
보암직하고 먹음직도 하고 지혜롭게 할 만큼 탐스러워 보였을
것입니다. 사과나무 아래에 있는 중에 유혹이 끊임없이 밀려왔
을 것이고 저 흉악한 자의 속삭임이 있었을 것입니다. 욕망을
부추기는 사과나무, 유혹자에게 속아 넘어갈 수밖에 없는 나무
밑, 죄에 빠져 있으면서도 자신의 처참한 상태를 인식하지 못

하는 사과나무 아래, 구원의 손길은 어디에도 없습니다.

그런데 권능의 주님께서 다가오셨습니다. 그분께서 술람미의 손을 잡아 일으키셨습니다. 사과나무 밑에 더 이상 머물러 있으면 안 되었으므로, 거기 눌러앉아 있으면 아무런 소망이 없었으므로 자리를 털고 주님을 따라나서야 했습니다.

그런데 그의 어머니에 대한 언급이 있습니다. 사과나무 아래에서 술람미의 어머니가 그녀를 낳았다고 합니다. 그렇다면 그 어머니 역시 욕망의 나무 그늘 아래 머물러 있었던 것입니다. 모전여전, 어미의 죄성, 원죄의 굴레는 술람미에게 전이되어 있었습니다.

사랑하는 임이여!

지금 저는 한글킹제임스 버전으로 묵상 중입니다. 술람미의 어머니에 관해 여타 버전과 다른 점이 있습니다. 본 버전에서는 어머니의 산고가 빠진 데 비해 다른 버전은 산고(Pain)가 있었다고 기록하고 있습니다. 저는 여기서 매우 중요한 쟁점이 발생한다고 생각합니다. 아가서가 우리 주님과 성도와의 사랑을 영적으로 비유하여 묘사되었다는 관점을 다시금 상기할 필요가 있습니다. 그렇게 볼 때 우리를 사과나무 아래서 일으켜 건져 내어 세상의 광야로부터 구출하는 스토리를 담았다고 이해되어야만 합니다. 그러므로 우리를 구원하기 위한 주님의 산고만이 강조되어야 합니다. 어머니의 산고는 우리 주님의 십자가 고난에 비할 바가 못 되기 때문입니다. 산고가 빠진 한글킹제임스는 그런 점을 감안했을 것입니다.

이 사랑의 노래는 풍부하기 이를 데 없는 직유와 은유로 일관하고 있으므로 항상 보이는 차원, 일차원적 사고를 한 꺼풀 벗기고 보다 깊은 곳으로 들어가야만 합니다. 그래야만 감추어진 만나를 발견할 수 있습니다. 그렇지 않으면 아가서는 한낱 사랑의 유희에 불과할 것입니다.

사과나무 아래서 술람미를 일으킨 것, 우리는 그것을 중생이라 할 수 있을 것입니다. 어떻게 그리 될 수 있는가 묻는 이들에게 주님의 말씀을 들려주면 좋겠지요?

"진실로 진실로 네게 이르노니 사람이 물과 성령으로 나지 아니하면 하늘나라에 들어갈 수 없느니라.(요 3:5)"

물과 성령으로 거듭난 사람은 온전히 재탄생한 것입니다. 그래서 육체의 사슬에 매이지 않고 참된 자유, 참된 생명을 누리는 것입니다. 따라서 술람미의 사과나무 아래 탄생을 중생으로 설명하지 않으면 이 스토리는 미궁에 빠져 버립니다.

그 술람미가 생명의 주님인 임의 품에 기대어 광야에서 올라오고 있습니다. 저 죽음의 공포가 가득하고 어둠이 지배하며, 항시 거친 모래바람이 일어나는 황량한 광야. 그 광야에서 올라온다는 것은 주님께서 그리로 내려가셨다는 의미가 될 것입니다. 주님은 거기에서 술람미를 이끌어 내신 것입니다. 주님의 강생과 비하를 시사합니다. 주님은 술람미를 그냥 데려오실 수 없으셨습니다. 엄청난 대가를 치르고 구출해 내신 것입니다.

이제 술람미는 광야와 결별하고, 세상과 결별하고 푸른 초장, 쉴 만한 물가로 주님과 함께 올라오고 있습니다. **사랑하는 자에게 기대었다는 것**은 그분을 의지하고 그분의 공로를 의지했다는 의미일 것입니다. 술람미는 오로지 주님의 이끄심으로 광야를 탈출할 수 있었고 새로운 차원의 세계로 들어왔습니다. 주님과 함께하는 삶, 생명이 있는 삶, 소망과 비전이 있는 세계로 들어왔습니다. 이제는 주님과 함께 다스리고 정복하는 차원으로 들어왔습니다.

네 마음에 인장처럼, 네 팔 위에 인장처럼 나를 새기라.
사랑은 죽음처럼 강하고 질투는 음부처럼 잔인하니,
그 곳의 숯은 불타는 숯, 곧 심히 맹렬한 불길을 가진 것이라.
많은 물들로도 사랑은 끌 수 없으며 홍수로도 잠기게 할 수 없나니,
사람이 그의 집의 모든 재산을 주어 사랑과 바꾸려 한다면
그 일은 완전히 멸시를 받으리라. - 6, 7

술람미의 당차기 이를 데 없는 사랑관입니다. 자신을 임의 팔에, 임의 마음에 도장처럼 새기고 싶어 하는 마음, 어떤 경우에서도 임을 향한 자신의 마음이 변할 수 없다는 다짐입니다. 그래서 술람미는 자신의 팔이 아니라 임의 마음과 님의 팔에 자신을 새겨달라 합니다. 바울 사도도 비슷한 고백을 한 적이 있습니다. 주의 법이 문자가 아니라 심비, 곧 마음에 아로새겨졌다 했습니다.

그런데 사실은 우리의 고백도 중요하지만 주님의 확언, 주님의 의지가 중요합니다. 사람이 굳게 결심하더라도 나 자신을 신뢰할 수 없는 것이 연약한 인간의 속성이기 때문입니다. 우리에 대한 주님의 사랑은 성경에 수없이 기록되어 있습니다. 저는 그중에서 다음 한 말씀을 인용하고 싶습니다.

"내가 너희를 사랑한 것처럼 너희도 서로 사랑하라. 친구를 위하여 자기 목숨을 버리면 이보다 더 큰 사랑이 없다.(요 15:12)"

임께서는 이 말씀을 하신 후 얼마 지나지 않아 친구라 하신 우리를 위하여 당신이 목숨을 십자가의 제물로 내어놓으셨습니다. 임의 지고지순하신 사랑을 실행하신 것입니다.

사랑은 죽음처럼 강하다는 데 전적으로 동의합니다. 에리히 프롬이 사랑은 가장 활동적인 감정이라 했는데 사랑처럼 대단한 것이 없습니다. 사랑하는 사람을 위해 자신의 목숨을 아까워하지 않는 예는 많이 있습니다. 자녀와 부모와 연인과 배우자를 위해….

그런데 사랑의 반대편인 질투가 음부처럼 잔인하다 했습니다. 그토록 마음 다해 목숨 다해 사랑했기에 상대방의 변심을 참을 수 없는 것입니다. 용서할래야 용서할 수가 없는, 자신의 감정을 제어할 수 없는 상태에 빠집니다. 하지만 우리 그리스도인들은 그런 감정을 극복하도록 가르침을 받았습니다. "네 원수를 사랑하라." 하셨기 때문입니다.

그런데 질투가 음부처럼 잔인하여 불타는 숯과 같다 한 것은 계시적입니다. 하나님을 배반하고 주님의 사랑을 끝내 외면한 자들이 결국 음부의 형벌을 받고 불구덩이에 던져지기 때문입니다. 하나님의 진노가 배신자, 무신론자, 우상숭배자들 위에 혹독하게 퍼부어지는 것입니다. 하나님의 진노는 그 무엇으로도 끌 수 없고 막을 수 없습니다.

'사랑을 돈 주고 살 수 있는가' 하는 문제를 언급하였습니다. 모든 재산을 주어 사랑을 사려 하는 시도는 웃음거리가 될 것이라 했는데 사랑은 상대적인 가치가 아니라 절대적인 가치이기 때문입니다. 하지만 돈을 따라가는 경우가 현실에서는 얼마든지 있습니다.

사랑의 주님, 저 또한 술람미처럼 결심했사오니 오직 임으로 인하여 기뻐하고 임에게 저의 모든 것을 걸겠습니다. 오늘 아침은 좀 특별한 기도를 드렸네요. 뜨거운 가슴으로 찬양하는 Bethel의 형제자매들과 마음을 같이하며 계속해서 울먹이는 중에 기도와 찬양이 뒤섞이는 시간이었습니다. 주님을 사랑하는 것에 정해진 기도의 격식을 넘어섰던 것입니다. 저의 기도와 예배를 기꺼이 들어주신 줄 믿습니다.

우리에게 한 작은 누이가 있으니
그녀에게는 가슴이 없도다. 그녀가 청혼을 받게 되는 날에
우리가 우리의 누이를 위해 무엇을 할까?
그녀가 성벽이라면 우리는 그녀 위에 은으로 궁을 지으리라.
그녀가 문이라면 우리는 그녀를 백향목 판자로 두르리라. - 8, 9

술람미의 오빠들이 두 번째로 등장합니다. 그 오빠들은 포도원을 술람미에게 맡겨 돌보게 했던 이들이었지요. 술람미를 어렵게 했던 오빠들이었습니다. 그런데 여기서는 동생을 많이 아껴 주는 모습으로 등장합니다. 함께 자랐으므로 누이에 대한 오빠들의 정보는 정확할 것입니다. 술람미는 아직 어리고 가슴이 없다는 것입니다. 그 오빠들이 어린 누이에게 연인이 생겼고 이제 혼례를 준비해야 하는 상황이 되었다 말합니다.

그렇다면 오빠들의 증언은 이제까지 술람미의 몸에 대한 여러 상세한 표현들과 거리가 좀 있습니다. 따라서 묵상자는 이제까지의 표현들이 육적인 것이 아닌 영적인 것이어서, 아가서가 다만 '예수 그리스도와 성도 간의 영적 교제'를 전제한 것임을 입증한 구절이라 판단됩니다.

네, 술람미는 현실적으로는 젖가슴도 없는 어리고 소박한 시골 소녀였습니다. 그러나 그는 존귀하신 왕의 사랑을 받았고 마침내 하나 되는 혼례를 앞두고 있습니다. 그 결과 오빠들은 큰 기대로 술람미의 혼례식을 준비합니다.

그런데 그 혼례는 비범하기 이를 데 없습니다. 왕과의 결혼

식이므로 '성벽처럼 견고'한 여인 술람미를 위하여 은으로 궁을 짓고 고급목인 백향목 판자로 두른답니다. 은으로 궁을 지으니 번쩍번쩍 광채가 대단하겠지요? 그렇지만 금은 왕인 신랑을 위하여 언급되지 않았습니다. 술람미는 당연히 왕후가 되는 것이지요? 오늘의 우리 모두도 왕비들이 되는 것입니다. 시골 소녀의 엄청난 도약, 높이기도 하고 낮추기도 하시는 주께서 비천한 자를 들어 높고 높은 귀인의 자리에 앉게 해 주신 것입니다.

나는 한 성벽이요, 나의 가슴은 망대들 같나니,
그러므로 내가 그의 눈에 은총을 입은 자같이 되었도다. - 10

신랑에게 이미 티아라 같고 예루살렘 같다는 평가를 받은 바 있는 술람미입니다. 그런 그가 스스로를 일컬어 한 성벽이라 합니다. 자신의 지위에 걸맞은 자존감을 가지고 있습니다. 따라서 가슴이 망대들 같다는 것은 자연스러운 흐름입니다. 그런데 망대들이 복수 표기되었습니다. 외적을 막아 내기 위한 망대가 여럿이라는 것은 성의 크기가 그만큼 크다는 것을 의미하겠지요.

그런데 술람미는 그런 지위가 스스로의 노력으로 되었다 하지 않고 다만 은총을 입어 그리 되었다 하였습니다. 바른 고백입니다. 바울 사도의 고백과 같습니다. 아무도 자신의 노력으로 의로운 자가 되지 않았다는 것, 다만 우리의 존귀한 신랑 예수 그리스도로 말미암았다는 것, 저 또한 같은 고백을 드립니다.

솔로몬이 바알하몬에 한 포도원을 가졌는데,
그가 그 포도원을 지키는 자들에게 내어 주고 각자 그 열매로
은 일천 개를 가져오게 하였도다. 나의 것인 나의 포도원이
내 앞에 있도다. 오 솔로몬이여, 당신은 일천을 갖겠고
그 열매를 지키는 자들은 이백을 갖겠나이다. - 11, 12

솔로몬 왕의 포도원은 매우 큰 농장입니다. 그 포도원을 지키는 자들이 몇 명인지는 다만 복수로 표기되었습니다. 그들 각자가 은 일천 개를 가져오게 했다니 포도원에서 얻는 수입이 대단할 것입니다. 솔로몬은 한 나라의 왕이니 당연하다 할 것입니다. 주목하려는 것은 술람미도 그처럼 자기 마음대로 할 수 있는 포도원이 있다는 것입니다. 그래서 솔로몬에게 일천을 주고 지키는 자들, 또는 가꾸는 자들에게 임금으로 이백을 준다 합니다.

우리 성도들이 장차 하늘나라에서 각자의 영역이 있어서 다스리고 정복하는 권세를 가질 것임을 시사한 것이라 묵상됩니다. 술람미는 본래 포도원을 지키는 심부름꾼 정도에 불과하였지요. 그런 술람미가 자기 마음대로 누구에게는 얼마 얼마를 줄 수 있는 자율권을 행사하는데, 자신을 위해서 얼마를 챙기는지가 언급되지 않았습니다. 솔로몬에게 일천, 지키는 자들에게 이백, 그 나머지가 다 술람미의 것이겠지요? 설마 자기를 위하여 아무것도 남겨 두지 않는 것은 아니겠지요?

중요한 것은 술람미가 농사해서 열매를 많이 거두었다는 것

과 그것을 자신의 마음대로 사용할 수 있다는 것입니다. 열매를 중시하시는 주님의 뜻을 헤아릴 때 오늘의 술람미들인 우리는 늘 성실해야만 하겠습니다.

동산에 거하시는 당신이여, 동료들이 당신의 음성을 듣나니, 나로 그것을 듣게 하소서. – 13

임께서 동산에 계시는데, 임의 친구들이 당신의 음성을 들었답니다. 그러나 아직 술람미는 그 음성을 듣지 못하고 있다는 것입니다. 어찌 된 일입니까? 주님의 재림과 연관 지어 묵상할 때 아직 그날이 오지 않았기 때문일까요? 그렇다면 재림의 사건이 일어나기 직전의 상황이 아닐까요? 믿음의 선진들, 순교자들, 여러 승리자들이 벌써 주님과 상봉했고 그들은 주님의 음성을 듣고 있을 것입니다. 그러나 지상에 남아 있는 술람미들은 우리 주님의 재림을 앙망하며 마라나타를 연발하고 있습니다. 나팔 소리가 속히 울려 퍼지기를, '이리로 올라오라!' 속히 말씀해 주시기를 간구하는 것이라 묵상됩니다.

나의 사랑하는 이여, 서두르소서, 향기 나는 산들 위에 있는
노루나 어린 사슴같이 되소서. - 14

술람미는 서두르시라 간청하고 있습니다. 우리 주님의 영광
스러운 재림의 의미입니다. 모든 역사는 임의 재림을 통해 마
무리되는 것이기에, 임을 통해 아버지의 뜻이 하늘에서와 같이
땅에서도 완전히 이루어질 것이기에 술람미는 그날이 속히 오
기를 열망하고 있습니다. 아가서의 맨 끝은 요한계시록의 끝과
같은 패턴입니다. 요한 사도가 모든 계시를 다 기록한 후 다음
처럼 간구합니다.

**"아멘, 주 예수여 오시옵소서. 주 예수의 은혜가 모든 자들
에게 있을지어다. 아멘."**

그날에 대한 소망이 있어 우리는 오늘의 여러 어려움들을 인
내합니다. 우리 주님과의 진정한 상봉이 있는 그날, 구름 위로
끌어올려 공중에서 임을 만나는 영광스러운 그날, 기쁨과 감사
를 주체할 수 없는 그날, 임께서 우리 눈의 눈물을 다 닦아 주
시는 그날, 죽을 몸이 영생의 몸으로, 추한 몸이 신령한 몸으
로, 약한 몸이 강한 몸으로 변화되는 그날을 술람미가 사모하
고 있습니다.

오, 임이여! 서두르소서. 임과 함께 다스리고 정복하는 그날,
그날을 몰고 오실 임의 발자국 소리에 귀를 기울입니다.

의와 평강과 희락이 영원히 이어지는 하늘나라, 그 나라는
소박한 표현으로 '향기 나는 동산'입니다. 아울러 여리고 순수

하며 순결하기 이를 데 없는 노루와 어린 사슴의 마음을 가진
이들의 나라입니다. 서두르시옵소서. 밤이 깊었습니다.

　마라나타! 마라나타!

　아멘!

안문훈

*개인전25회: 인사아트센터 갤러리라메르
　　　　　 서울아산병원갤러리 팔레드봉디(Franch)
　　　　　 갤러리이즈2 크로스갤러리 등
*아트페어: 상하이, 화랑미술제, KIAF, 타이베이 아트베이징 등 12회
*유명작가경매전(현대백화점갤러리)외 단체전 350여회
*이당미술상 수상 및 국전 동아미술제 등 각 공모전 입상
*한국미협 양평미협 북한강미술인회 회원, 복음미술선교회 회장
*저서: 신앙수필집: 술람미의 고백/그리심출판사
　　　 화문집: 순례자의 확장과 고백/그리심출판사
　　　 시화집: 사랑은 벅찬 강물입니다/솔과학
　　　 서간집: 가장 아름다운 편지/행복우물
　　　 시편묵상집: 아버지, 그리 지극하셨습니까
　　　 요한계시록묵상집: 새 하늘 새 땅
　　　 아가서묵상집: 나 사랑에 빠졌어요/한국학술정보
*Blog: 안문훈의 아름다운 공간 / E mail: sosuck1@hanmail.net

나 사랑에 빠졌어요 아가서 묵상집

초판인쇄 2020년 4월 20일
초판발행 2020년 4월 20일

지은이 안문훈
펴낸이 채종준
펴낸곳 한국학술정보㈜
주소 경기도 파주시 회동길 230(문발동)
전화 031) 908-3181(대표)
팩스 031) 908-3189
홈페이지 http://ebook.kstudy.com
전자우편 출판사업부 publish@kstudy.com
등록 제일산-115호(2000. 6. 19)

ISBN 978-89-268-9919-9 93230